HONGRIE-HOLLYWOOD
EXPRESS

Le Quartanier Éditeur
4418, rue Messier
Montréal (Québec) H2H 2H9
www.lequartanier.com

ÉRIC PLAMONDON

HONGRIE-
HOLLYWOOD
EXPRESS

---

roman

1984 – VOLUME I

LE QUARTANIER

Le Quartanier remercie de leur soutien financier
le Conseil des Arts du Canada
et la Société de développement des entreprises
culturelles du Québec (SODEC).

Gouvernement du Québec – Programme de crédit d'impôt
pour l'édition de livres – Gestion SODEC.

Le Quartanier reconnaît l'aide financière
du gouvernement du Canada
par l'entremise du Fonds du livre du Canada
pour ses activités d'édition.

—

Diffusion au Canada : Dimedia
Diffusion en Europe : La librairie du Québec (DNM)

—

Dépôt légal, 2011
Bibliothèque et Archives nationales du Québec
Bibliothèque et Archives Canada

ISBN : 978-2-923400-84-6

La simplification est la sophistication suprême.

STEVE JOBS

Rarement ai-je connu un être profond qui ait
quelque chose à dire à ce monde, à moins
d'être obligé de balbutier quelque chose pour
gagner sa vie.

HERMAN MELVILLE

1

DERNIÈRE CHANCE

Je viens d'avoir quarante ans et les questions que je me posais à vingt ans sont encore brûlantes, non tranchées, non résolues. J'ai eu de l'acné, je suis allé à l'université, j'ai eu du cul, je me suis marié, je me suis drogué, j'ai voyagé, j'ai fait du sport, j'ai lu les journaux, j'ai dit «bonjour», j'ai dit «oui, merci», j'ai été président de classe, j'ai été employé du mois, j'ai milité pour ci et j'ai milité pour ça. J'ai ouvert un compte en banque, j'ai économisé, j'ai acheté une voiture, j'ai roulé un peu ivre, mais pas trop, je n'ai pas grillé de feu rouge, j'ai repassé mes chemises le dimanche soir, j'ai acheté des cadeaux de Noël, d'anniversaire, de mariage, de Saint-Valentin. J'ai souscrit à une assurance vie, j'ai acheté un écran plat, un ordinateur portable, j'ai recyclé les bouteilles vides, le papier, le carton, le plastique. J'ai mangé des fruits et des légumes et des produits laitiers. J'ai éteint la lumière en sortant, j'ai bien fermé les robinets, je me suis lavé les mains et je n'ai pas fait pipi sur la lunette des chiottes. J'ai changé mes disques vinyles pour des cassettes, puis mes cassettes pour des CD et mes CD pour des MP3. J'ai des chaussures en cuir pour le travail, des chaussures Reebok pour le sport, des chaussures à crampons pour la montagne et des chaussures en caoutchouc pour la pluie.

J'ai vu *Citizen Kane* d'Orson Welles parce que c'est le plus grand film de l'histoire du cinéma. J'ai vu *Titanic* parce que c'est le film qui a été vu par le plus grand nombre de spectateurs de l'histoire du cinéma. J'ai vu *Sept ans de réflexion* pour la scène mythique de l'histoire du cinéma où Marilyn retient sa robe blanche au-dessus d'une bouche de métro. J'ai vu *Pierrot le fou* parce que la Nouvelle Vague a changé l'histoire du cinéma. J'ai vu *Les dents de la mer* parce que mon père voulait m'emmener au cinéma. J'ai vu *Star Wars* parce que j'avais dix ans. J'ai lu *Le meilleur des mondes* parce que c'était au programme. J'ai lu *Dix petits nègres* d'Agatha Christie et *Ecotopia* d'Ernest Callenbach pour la même raison. J'ai joué au baseball, j'ai joué au handball, j'ai joué au volleyball, j'ai joué au football, j'ai joué au badminton mais je n'ai pas joué au hockey. À quatorze ans j'ai ramassé des légumes pour apprendre ce qu'était le travail. À quinze ans j'ai été baby-sitter pour me payer le cinéma, une paire de jeans, un pack de bière et un disque d'Iron Maiden. À seize ans j'ai été pompiste pour aller camper une semaine à Cape Cod. À dix-sept ans j'ai été bibliothécaire pour me payer des allers-retours en bus entre Québec et Thetford Mines. À dix-huit ans j'ai été animateur à la

Société éducative du Canada pour me payer un appartement en colocation puis j'ai été serveur pour bouffer.

J'ai eu un tricycle, j'ai eu des patins à roulettes, des patins à glace, un skate, un Gitane à dix vitesses, une mobylette, une Honda Civic, une Renault 5, une Ford Horizon, une Peugeot 305, une Peugeot 306 et une Peugeot 307.

Je suis devenu allergique aux poils de chat, j'ai fumé un paquet de clopes par jour pendant dix ans puis j'ai arrêté. J'ai gardé mes dents de sagesse, j'ai été donneur de sperme. J'ai cassé un abribus. J'ai construit une maison.

J'ai été mannequin, journaliste, serveur, ouvrier de ferme. J'ai travaillé dans une cimenterie, dans une quincaillerie et dans un laboratoire de chimie. J'ai été prof de français et prof d'anglais. J'ai fait du théâtre et j'ai été pompiste au Petro-Canada tenu par Ti-Cul Perron.

J'ai pêché la truite au bord des rivières. J'ai pêché l'achigan en canoë sur les lacs. J'ai pêché le goujon dans les ruisseaux, j'ai pêché le saumon à la mouche.

J'ai écouté du disco, du rock, du heavy metal, du jazz, du fusion, du progressif, du country, du grunge, du classique, du baroque, de l'opéra et de la world.

J'ai fumé du cannabis et du haschisch, j'ai sniffé de la coke et de la mescaline, j'ai gobé des acides et de l'ecstasy. J'ai pris des cuites à la bière, j'ai pris des cuites au whisky, j'ai pris des cuites au vin rouge, j'ai pris des cuites au rhum et à la vodka. J'ai mélangé, j'ai

vomi, je me suis levé avec le mal de crâne et j'ai remis
ça, plusieurs fois.

J'ai lu Diderot, j'ai lu Voltaire, j'ai lu la Bible. J'ai
lu Shakespeare, j'ai lu Melville, j'ai lu Rabelais. J'ai lu
Baudelaire, j'ai lu Flaubert, j'ai lu Ducharme. J'ai lu Pyn-
chon, Williams, Capote, Irving et surtout Brautigan. J'ai
lu Kerouac. J'ai lu Miller, j'ai lu Rimbaud, j'ai lu Camus. Et
puis aussi Blanchot, Yourcenar, Sartre, Bakhtine, Céline,
Cyrano, Hesse, McLuhan, Sterne, Zola. J'ai aussi essayé
Platon, Nietzsche, Barthes, Freud, Newton et Galilée.

J'ai fait du ski de fond, du ski alpin, de la raquette, de
la chaloupe, de la planche à voile et de la plongée sous-
marine. J'ai fait du surf, j'ai sauté en parachute et je me
suis vautré en motocross. J'ai fait de la luge, du rafting
et un peu de spéléologie.

J'ai attrapé des crapauds, des grenouilles, des cou-
leuvres, des têtards, des sauterelles, des escargots, des
papillons, des chenilles, des souris et des mulots. J'ai
trappé des marmottes, des rats musqués, des écureuils
et des renards. J'ai chassé la perdrix et posé des collets
à lièvres.

J'ai fait du ski-doo, j'ai fait du sea-doo, j'ai regardé
Scooby-Doo. J'ai vu *Dallas, Hulk, Shérif fais-moi peur* et
K 2000. Le samedi soir, quand j'étais sage, on mangeait
devant *Cosmos 1999.* Le 31 décembre Michel Fugain et
le Big Bazar mettaient le feu à la fin de l'année de mes
quatre ans. Pendant que je jouais avec mes Lego, le
samedi matin, *Candy, Belle et Sébastien, Capitaine Flam*
et *Albator* défilaient sur l'écran.

Un été, mon père m'a amené dans le Maine, à Old Orchard. Après trois jours de pluie sous la tente nous sommes rentrés. Plus tard, ma mère m'a amené à Ogunquit, c'était bien. L'année suivante, c'était Toronto et les chutes du Niagara. J'ai participé à un échange étudiant à Calgary.

À cinq ans j'ai visité Montréal, Rome, Amsterdam, Séville, Munich, Venise, Bordeaux, Paris, Bruges et Auschwitz. À vingt-trois ans j'ai tout recommencé depuis Paris jusqu'à Nice, puis Monaco, puis Brindisi, puis Athènes, puis Corfou, puis Rome, Genève, Luxembourg, Bruges, Amsterdam et retour à Paris avant de rentrer au Québec.

J'ai étudié en sciences et en mathématiques (calcul intégral et différentiel) puis j'ai pris des cours en politique (le totalitarisme selon Hannah Arendt) et des cours d'économie (la main invisible d'Adam Smith et la destruction créatrice de Schumpeter). J'ai aussi étudié l'histoire du cinéma (du *Cuirassé Potemkine* à Frank Capra) et le roman historique (de Racine à Yourcenar).

J'ai voyagé en charter, j'ai voyagé en classe économique, j'ai voyagé en classe affaires, j'ai voyagé en première classe. J'ai traversé le Canada en bus, j'ai traversé l'Europe en train. J'ai traversé l'Atlantique en 747, en 737, en DC-10 et en A-320.

J'ai participé à des comités de lecture et à des comités de rédaction, j'ai assisté à des conseils d'administration, j'ai fait des brainstormings, des bilans hebdomadaires, des réunions mensuelles. J'ai été chef de projet, coordonnateur, assistant, manager, directeur et président. J'ai rédigé des synthèses, des cahiers des charges, j'ai mis en œuvre des stratégies.

J'ai fait l'amour dans la neige, j'ai fait l'amour dans une piscine, j'ai fait l'amour dans un avion. J'ai baisé dans la cuisine, j'ai baisé dans le salon, dans le living-room. J'ai baisé sur le lave-vaisselle, j'ai baisé dans l'escalier, j'ai baisé dans la voiture, j'ai baisé au milieu des champs, sous un arbre, sous la douche et dans la tour d'un château.

J'ai mangé une poutine à Trois-Rivières, j'ai bouffé du goulasch à Budapest, j'ai mangé des schnitzels à Prague, j'ai mangé des tapas à Séville. J'ai mangé une pizza à Naples, un confit de canard à Bordeaux, un steak frites à Paris, un poulet grillé à Porto, une saucisse à Strasbourg, une langouste à Saly Portudal, un cochon de lait à Hong Kong, des fajitas à Hollywood, des pad thaï à Toronto et un burger à New York.

J'ai donné des crayons de couleur à des enfants au milieu d'une forêt de baobabs au Sénégal. J'ai acheté de la drogue en taxi dans un ghetto de Chicago. J'ai sniffé de la coke dans une taverne de Montréal. J'ai dîné dans la Casa Batlló de Gaudi à Barcelone. J'ai pissé dans les chiottes du Peninsula à Kowloon. Je me suis fait fouiller mes bagages au Ritz-Carlton d'Istanbul. J'ai servi des bières à Renaud du temps qu'il chantait *Miss Maggie*. J'ai voyagé à côté de Luc Plamondon endormi. J'ai gagné des concours de nouvelles, des concours de photos. J'ai gagné une médaille de bronze, une médaille d'argent et une médaille d'or. J'ai perdu plusieurs courses.

J'ai réparé un lave-vaisselle, j'ai réparé un aspirateur, j'ai fait de la plomberie, j'ai monté un mur, j'ai construit un poulailler, une niche, une table, un canapé, une cabane à oiseaux.

J'ai disséqué des cadavres, j'ai filmé des opérations chirurgicales. J'ai dîné avec des directeurs et des chirurgiens, des comptables, des secrétaires et des économistes, des chômeurs et des architectes, des professeurs et des mécaniciens, des grands, des gros, des petits, des maigres.

J'ai eu un Texas Instrument 99/4A, j'ai eu un Commodore VIC-20, j'ai eu un Mac Classic, un Power Mac, un G3, un G4, un G5. J'ai appris à utiliser Windows, Outlook, Word, Excel, Photoshop, Dreamweaver, Flash, Final Cut, Motion, Netscape, Gopher, iTunes, QuarkXPress, PageMaker, InDesign, Toast et After Effects.

J'ai fait de la mise en pages, des brochures, des affiches, des livres, du montage vidéo, du tournage numérique, des effets spéciaux, du mixage audio, de la photo. Je me suis inscrit à Facebook, j'ai créé un blog, j'ai utilisé Google Docs, j'ai ouvert un compte Yahoo, un compte Free, un compte Hotmail.

Puis je suis devenu mercenaire. J'ai coupé des bites, des têtes et des bras. J'ai violé des jeunes filles et écrasé des femmes en 4 × 4. J'ai fait exploser des ambassades, j'ai pris le maquis. J'ai sauvé des vies, pansé des plaies et nourri des enfants.

J'ai vu les tours jumelles en feu. J'ai vu un journaliste décapité comme saint Jean le Baptiste. J'ai vu Salomé faire la danse du ventre. J'ai vu les éléphants de Gengis Khan traverser l'Empire mongol, j'ai vu Roland fendre les Pyrénées de son glaive. J'ai vu le Vésuve anéantir Pompéi et Erina qui criait pendant que la lave faisait fondre ses pieds, ses jambes, son tronc puis sa tête, son dernier regard levé vers moi. J'ai vu Geronimo charger une colonne de cavalerie. J'ai vu les crânes scalpés des Iroquois. J'ai vu les crânes scalpés des Blancs. Sous le regard de Moctezuma j'ai assisté au sacrifice de six mille vierges. Les pyramides, le cri des insectes. J'ai poignardé César, j'ai pris le tramway avec Brando. J'ai sauté du haut de la statue de la Liberté. J'ai pissé le sang sous la lame de la machine à Guillotin. On m'a enfoncé un canon dans le cou et j'ai vu mon sang éclabousser le sol. J'ai vu le peloton d'exécution avant qu'on me bande les yeux. J'ai soudé des carrosseries Ford à Détroit. J'ai tout vendu en 29 avant d'ouvrir le gaz. Je suis mort sur la chaise électrique et j'ai travaillé à Menlo Park.

Au Vietnam j'ai brûlé des enfants au napalm. Je suis monté sur scène à Woodstock. J'ai mis un pied sur la lune. J'ai tiré sur Kennedy. J'ai bombardé Londres. Je suis entré à La Havane avec Castro. J'ai porté les pierres de la Muraille de Chine. J'ai fait la révolution avec Mao. J'ai été bolchevik. J'ai béni l'Assemblée. J'ai harponné des baleines. J'ai vendu des brosses. J'ai inauguré le canal de Panama.

J'ai manifesté contre le nucléaire, contre la peine de mort, contre les bas salaires, contre l'Église, contre la violence, contre la guerre, contre le colonialisme, contre la culture du chiffre, contre le massacre des Indiens, contre l'excision et j'ai filmé des partouzes dans des villas californiennes de Malibu.

Et maintenant, je vais me faire le cent mètres nage libre en moins d'une minute.

2

JÁNOS

Johnny Weissmuller, né János, voit le jour dans un petit village de l'Empire austro-hongrois au début du vingtième siècle. C'est plus précisément le 2 juin 1904 à Szabadfalu que vient au monde celui qui va incarner avec la plus grande des perfections le dernier des grands mythes : Tarzan, l'homme singe.

3

QUATRIÈME DE COUVERTURE

Gabriel Rivages a été conçu en mai 1968 au fin fond d'une forêt canadienne. À Paris, on jouissait sans entraves. Sa mère, serveuse dans le seul hôtel d'une réserve forestière, avait succombé aux charmes d'un chef de chantier. Gabriel est né le 13 février 1969, le jour où le Front de libération du Québec a fait exploser une bombe à la Bourse de Montréal. Le président de l'établissement commenta l'événement avec ironie : « On peut dire qu'aujourd'hui le marché a explosé ! »

À quarante ans, Gabriel Rivages constate qu'il a raté sa vie. Après les femmes, les drogues, les voyages, les livres, les emplois divers et les enfants, il sent toujours en lui ce grand vide. Il y met tout ce qui lui tombe sous la main.

4

RÉFÉRENCES
BIBLIOGRAPHIQUES

Titre : *Tarzan of the Apes*

Auteur : Edgar Rice Burroughs

Première date de publication : 1er août 1993 [eBook #78]

Langue : anglais

Caractères encodés en : ASCII

20

DÉBUT DU PROJET GUTENBERG DU LIVRE
ÉLECTRONIQUE DE *TARZAN OF THE APES*
[*TARZAN, SEIGNEUR DE LA JUNGLE*]

Produit par Judith Boss. Version HTML par Al Haines.

SOMMAIRE

5

ÇA SENTAIT LE SAPIN

Gabriel Rivages est né le 13 février 1969 à 20 h 50. Il neigeait sur Québec. Pendant les contractions finales, sa mère a beaucoup hésité entre l'accouchement et le suicide. Des coups violents dans le ventre lui donnaient envie de vomir. Elle se cabrait, incapable de supporter la douleur. Pendant les accalmies, depuis sa chambre du cinquième étage, elle se disait, il me suffit de me lever, de casser la vitre et de sauter dans le vide.

> Ça sentait le sapin,
> il allait pleuvoir
> sous les étoiles du jour.
> Elle a regardé par-dessus mes sept ans.
> Elle n'osait pas,
> alors j'ai demandé,
> je voulais savoir pourquoi,
> pourquoi j'avais envie de pleurer.
> Elle m'a dit : « Je m'en vais »
> et j'ai pleuré.

6

MOLITOR

En 1929, à Paris, près du bois de Boulogne, la piscine
Molitor fut inaugurée en grande pompe par Johnny
Weissmuller et Aileen Riggin, championne olympique
de plongeon. À vingt-cinq ans, et trois ans avant d'incarner Tarzan au cinéma, Weissmuller est mondialement
connu pour ses cinq titres olympiques. Maître nageur à
ses heures, il officie à Molitor pendant l'été 1929. La piscine abrita par la suite des défilés de mode, des repré-
sentations théâtrales et l'entraînement des champions
français de patinage.

J'aime bien la photo où l'on voit Weissmuller et Riggin
dans l'eau jusqu'à la taille en maillots Molitor. Ils sont là
tous les deux côte à côte et il se dégage comme une certaine gêne. C'est comme si là, dans l'eau, ils voulaient se
rapprocher, peut-être même s'enlacer, mais ils n'osent
pas, figés devant l'objectif. En 1929, les deux champions
sont loin du krach boursier, loin de l'Amérique, loin de
la maison. Plus je regarde la photo, plus je discerne qu'il
y a quelque chose entre eux. Je les vois rentrer à l'hôtel,

boire un verre au bar et bien rigoler du drôle d'accent de tous ces Français alentour. Un peu plus tard, ils montent ensemble par le grand escalier en tapis rouge.

Légende : « *Aileen Riggin, campeã olimpica americana de saltos ornamentais, e Johnny Weissmuller, o Tarzan, nas Piscinas Molitor (1929).* »

SZABADFALU

Il fait chaud. C'est le 24 juin 1941. On est à Freidorf en Roumanie. C'est la guerre. En 1904 ce même village s'appelait Szabadfalu. Il faisait partie de l'Empire austro-hongrois. Aujourd'hui, deux soldats du IIIe Reich sont à la mairie. Ils fouillent les registres. Le maire les assiste. Ils cherchent des déserteurs. Tous les hommes en âge de combattre doivent rejoindre les troupes. C'est la guerre.

Vers seize heures, un des soldats s'agite. Un dénommé János Weiszmueller manque à l'appel. Le maire est questionné. Il sait exactement où le trouver – au cinéma du village.

Un quart d'heure plus tard, les deux soldats font irruption dans la salle obscure. Ils ordonnent qu'on allume. Le plus grand gueule : « Où se cache le dénommé János Weiszmueller ? » Dans un même mouvement, tous les spectateurs se tournent en pointant l'écran. Il est là, Johnny Weissmuller, dans son premier film pour la Metro-Goldwyn-Mayer : *Tarzan, l'homme singe*.

ÉVOLUTION

Paraît que la Terre tourne, sur elle-même et autour du soleil. Oui. Même que des gars ont brûlé vif pour avoir dit ça. Paraîtrait même que l'Univers est en expansion, que le Soleil va s'éteindre dans quelques milliards d'années et qu'au début, l'homme n'était qu'une infime petite algue. On dit que la couche d'ozone est trouée et que dans moins de cent ans il n'y aura plus d'eau potable. Et puis que la margarine et les téléphones portables, ça donne le cancer.

Moi, hier, j'ai lu un livre : *Tokyo-Montana Express.* Le gars qui l'a écrit, il s'appelait Richard Brautigan. Je dis s'appelait parce qu'en 1984 on l'a retrouvé mort dans sa maison en Californie avec, à côté de lui, un revolver.

TROISIÈME CLASSE

Elizabeth et Petrus s'embarquent sur le *S.S. Rotterdam* le 14 janvier 1905. Ils vont traverser l'Atlantique en plein hiver. Le *S.S. Rotterdam* quitte la ville du même nom pour New York. Pendant douze jours Elizabeth et Petrus vivent à fond de cale. Ils sont des passagers de troisième classe. Ils logent au plus profond du bateau, sous la ligne de flottaison. Car ils sont pauvres et il faut vraiment être pauvres pour passer douze jours dans le ventre de la bête. Dans le dortoir bas et noir les rats rôdent, et ça tousse, ça crache, ça défèque dans des seaux, ça se gratte, ça gueule, ça braille et surtout, surtout, au milieu de l'océan, ça vomit. Elizabeth a dans les bras son fils de sept mois. L'Amérique possède vraiment un fabuleux pouvoir d'attraction.

10

EINSTEIN

En 1905, Johnny tète sa mère et Einstein pose la question suivante : « L'inertie d'un corps dépend-elle de son contenu en énergie ? » Le père de Johnny a trouvé un boulot dans une mine de charbon à Windber, Pennsylvanie. Einstein répond : « $E=mc^2$ ».

11

POISSON

Jeudi, quatorze heures trente, je suis dans mon cours de probabilités et statistiques pour économiste. Le prof parle et je note :

« En théorie des probabilités et en statistiques, la loi de Poisson est une loi de probabilité discrète qui décrit le comportement du nombre d'évènements se produisant dans un laps de temps fixé, si ces évènements se produisent... »

À dix-sept heures, je passe à mon appartement pour me préparer. J'enlève mon jeans et mon t-shirt et j'enfile un pantalon noir à pinces et une chemise blanche bien propre. J'ai un fond de caisse de cent dollars, mon tablier, mon tire-bouchon, mon calepin et mon stylo.

Trente minutes plus tard, je suis arrivé au resto. J'ai regardé le planning. J'étais de service ce soir dans la section C. J'ai vérifié la mise en place : les verres d'eau, les carafes de vin, les sacs de poubelle, les couverts, les tasses à café et les sachets de thé. Je suis allé en cuisine demander ce qu'il y avait sur la table d'hôte : au menu, un poisson. Mes deux premiers clients sont arrivés vers dix-huit heures. Ils ne voulaient pas d'apéro. Il a pris la table d'hôte, elle a pris des pâtes. J'ai entré mon code dans l'ordinateur, j'ai tapé 107 pour le numéro de la table, 2 pour le nombre de personnes et 0 à « Boissons ». Quand je suis revenu avec le pain, ils avaient décidé de prendre une demi-bouteille d'Entre-Deux-Mers. Deux hommes d'affaires prenaient place à la 102. Je leur ai dit bonsoir. Je suis retourné à l'ordinateur, mon code, la 107, boissons : 1/2 Entre-Deux-Mers, j'ai pressé « Commander ». Je suis revenu à la 102 demander si on souhaitait des apéritifs : une Laurentide et un Bloody Mary. Trois personnes à la 105, une ado avec ses parents. L'entrée de la 107 était prête en cuisine. J'ai servi la salade en disant bon appétit. Les deux hommes d'affaires étaient prêts à commander. J'ai dit bonsoir à la 105 et vérifié que l'hôtesse leur avait bien donné les menus. Une salade césar et un steak frites, que j'ai notés sur mon calepin. Au bar, la Laurentide, le Bloody Mary et la demi-bouteille de blanc m'attendaient. Un collègue m'a demandé si je pouvais lui échanger un billet de dix pour deux billets de cinq. J'ai tapé la commande de la 105 sur l'ordinateur. J'ai lancé la suite de la 107. J'ai porté des assiettes jusqu'à la plonge. J'ai eu un moment de sollicitude pour les deux gars qui s'y collaient. J'ai porté du pain, j'ai pris une autre commande, j'avais oublié les verres d'eau, je suis revenu chercher la suite, un quart de rouge au bar. J'ai filé un coup de main à Maryse en servant pour elle la suite de la table avec la fille habillée en rouge. J'avais encore quelques tables libres dans ma section. Un homme âgé avec son journal s'est assis à la 103.

C'était l'heure de pointe. Il fallait recevoir les clients, les placer, leur donner le menu, leur apporter de l'eau, leur dire bonjour, retirer les assiettes de l'entrée de la 4 puis préparer un café et une tisane pour la 32, faire payer le petit couple en bleu, ramasser le dernier pourboire, retirer le menu du jour en cuisine à la 14, ils sont pressés, ils ont un rendez-vous quelconque, quelque part, un enterrement peut-être, enfin bon, il faudrait remonter la 105 pour une personne. Ne pas oublier de dire qu'il n'y a plus de potage en entrée sur le menu du jour, couper du pain, préparer trois pichets d'eau. Quelqu'un doit descendre à la cave, le fût numéro trois est vide. Le banquier à la 3 a renversé son verre de rouge.

C'était jeudi soir. Le jeudi soir c'est une grosse soirée. On était huit sur le plancher. Pendant trois heures, on n'a pas arrêté. On a été un peu dans le jus mais pas trop. Une fois le coup de feu passé, les jambes en compote, j'ai fini de débarrasser mes tables, j'ai vidé ma poubelle, j'avais un coin de la chemise sortie du pantalon, mon tablier était taché. On s'est assis à la table réservée au service et chacun a fait sa caisse. L'heure de vérité : sur un ticket figure le montant total de vos ventes de la soirée. Dans vos poches, un gros rouleau de billets, la recette au complet, incluant vos pourboires et le fond de caisse. On paye la maison, on déduit sa mise et, si la soirée a été excellente, on se retrouve avec quatre-vingts dollars en surplus, c'est votre pourboire. C'est d'ailleurs ce qu'on fait. Une fois tout plié, on va au bar pour boire.

Tina m'a servi une Bud. C'était déjà l'heure du last call. Pour qu'elle finisse plus tôt, je l'ai aidée à remplir les frigos à bières. Elle a tout rangé, les lumières se sont allumées. Il restait deux clients au fond, les yeux cernés. On a pris nos affaires, fatigués, mais on avait encore un reste d'adrénaline dans le creux du ventre. On est allés danser. À quatre heures du matin, mon pourboire s'était évaporé. Statistiquement, il était peu probable que je fasse carrière en restauration ou en économie. Poisson avait raison.

12

EMMA LAZARUS

Le *S.S. Rotterdam* est passé devant la Liberté éclairant le monde. Le poème gravé sur son socle est trop loin. Personne ne peut le lire. Des millions d'immigrés sont passés devant, mais combien ont lu les mots d'Emma Lazarus ?

Donnez-moi vos pauvres, vos exténués
Qui en rangs serrés aspirent à vivre libres,
Le rebut de vos rivages surpeuplés,
Envoyez-les-moi, les déshérités que la tempête
    m'apporte,
De ma lumière, j'éclaire la porte d'or !

Le nouveau colosse, 1883

13

RETARD

La statue de la Liberté a été inaugurée le 28 octobre 1886 par Grover Cleveland, le seul président américain à avoir exercé deux mandats non consécutifs à la Maison-Blanche. Pour rendre hommage à la jeune république qui proclame le droit à la liberté, à l'égalité et au bonheur, la France offre aux États-Unis d'Amérique une statue de cuivre de trente-sept mètres de haut. Imaginée par Frédéric Auguste Bartholdi et construite par Gustave Eiffel, la Liberté éclairant le monde est aujourd'hui le monument le plus visité des États-Unis.

La France voulait offrir la statue de la Liberté à l'Amérique pour célébrer le centième anniversaire de la Déclaration d'indépendance. La statue aurait dû être livrée en 1876. La France avait dix ans de retard.

14

ÉRECTION ÉLECTRIQUE

Elle était là,
devant moi,
comme un fil
dénudée.

LA REVANCHE

En 1867, Bartholdi débarque chez le vice-roi d'Égypte, le khédive Ismaïl Pacha. Il a un projet de phare pour le canal de Suez, que Lesseps est en train de creuser. Il dessine, fait croquis sur croquis, écrit, prend rendez-vous, discute, puis obtient d'être reçu par le Khédive.

Il est onze heures. Il fait déjà très chaud dans les rues du Caire. Avec ses rouleaux sous le bras, Bartholdi monte les marches du palais. On le fait patienter dans une antichambre.

Après une trop longue attente, il se retrouve devant deux portes en or bien trop grandes. Le vice-roi le reçoit. Sur une large table en acajou il déroule ses rouleaux. Une superbe femme drapée s'étale sur la table. Un flambeau à la main, elle repose sur un gigantesque socle de granit. C'est l'Égypte apportant la lumière à l'Asie. Voilà le phare que Bartholdi propose au Khédive. Un phare à la mesure du canal de Suez.

La figure de la belle Égyptienne imaginée par Bartholdi s'inspire directement du célèbre tableau de Delacroix : la

Liberté guidant le peuple, femme au sein nu sur les barricades de Paris.

Mais, d'un simple signe de tête, le Khédive renvoie Bartholdi à ses esquisses de phare à figure de femme.

De nos jours, plus de deux millions de personnes visitent la statue de la Liberté chaque année. Bartholdi est vengé.

16

TAILLE-CRAYON

C'est l'histoire d'un pauvre type représentant en taille-crayons à Chicago en 1911. Les choses avaient plutôt bien démarré pour lui. Son père avait du fric. Il avait fait l'Académie militaire du Michigan. Il devait entrer à West Point. Mais il échoue à l'examen d'entrée. Du coup il se retrouve en Arizona dans un régiment de cavalerie. Un soir, après des kilomètres de trot et de galop, il s'évanouit. Les examens médicaux révèlent qu'il a un problème au cœur. Sa carrière militaire s'arrête là, en Arizona, un soir de juillet 1897.

Il galère un moment en travaillant dans quelques ranchs du coin. Son père lui offre un job, mais ce n'est pas ce qu'il veut. Ce qu'il veut, c'est la ville, la grande ville. Ce sera Chicago.

Mais la galère continue. Elle continue tellement qu'il se retrouve vendeur de taille-crayons. Le seul avantage de ce boulot, c'est le temps libre. Et, pendant son temps libre, il lit. Il dévore des pulp magazines. Et plus il en dévore, plus il trouve ça nul. Ça passe le temps mais franchement, notre représentant en taille-crayons n'arrive pas à croire qu'on paye des types pour écrire des histoires aussi pourries. Il se dit qu'il pourrait en écrire de bien meilleures. Alors c'est ce qu'il fait. Il s'aiguise plein de crayons et c'est parti.

Un an plus tard il touche quatre cents dollars pour *Sous les lunes de Mars*. Une fortune en 1912. Mais tout ça n'est rien comparé à ce que vont lui rapporter les aventures de son prochain personnage : Tarzan, l'homme singe.

SGT. PEPPER

Quand j'étais petit, mon meilleur ami, c'était mon cousin Luc. C'était comme mon frère. J'avais huit ans et il en avait douze. C'était aussi un peu mon héros. Pour son anniversaire il avait reçu l'album rouge des Beatles. Je nous revoie au sous-sol, la musique à fond. On chantait « She loves you, yeah yeah yeah » sans rien comprendre. C'est donc mon cousin Luc qui m'a fait découvrir les Beatles. Bien plus tard Paul McCartney chanterait *Say Say Say* avec Michael Jackson. Mais ça, c'est une autre histoire.

Mon histoire à moi, avec les Beatles, c'est vraiment l'album rouge. Ils sont tous là, au balcon, ils regardent en bas. Pour me faire plaisir mon père m'avait acheté l'album bleu. Mais moi, c'est le rouge que je voulais.

Aujourd'hui, ce qui me ramène aux Beatles, c'est une autre pochette, celle de *Sgt. Pepper's Lonely Hearts Club Band*. D'abord elle est superbe. Elle date du 1er juin 1967. Ensuite, derrière Ringo, coincé entre Marilyn et Edgar

Allan Poe, il est là, en noir et blanc, la tête penchée en avant : Johnny Weissmuller.

Après les Beatles, mon cousin Luc m'a fait écouter Kiss, Styx, et Led Zeppelin. Après, on s'est perdus de vue.

18

A. E. I. O. U.

Austria Est Imperare Orbi Universo. Il appartient à l'Autriche de commander à tout l'univers. C'était la devise des Habsbourg. Petrus en a sa claque. Elizabeth a accouché depuis sept mois. Le 14 janvier 1905 ils quittent la Hollande à bord du *S.S. Rotterdam.* Ils traversent l'Atlantique. C'est l'hiver. Ils sont au fond de la cale : passagers de troisième classe. On dort avec les rats. On manque d'eau. On étouffe, vomit, râle et vogue vers l'Amérique. S'il faut bouffer du rat, on bouffera du rat. Pour l'Amérique, on est prêt à tout. Le bébé dort enfin. Ça commence dans le ventre du monstre.

19

ARMELLE ET GIONO

*Et le Seigneur prescrivit à une grande baleine d'avaler
Jonas. Jonas fut dans le ventre de la baleine trois jours et
trois nuits.*

De ce passage biblique, Melville dans *Moby Dick* tire
ceci :

« La joie pour celui qui ne fait pas de quartier dans
le combat pour la vérité ; et qui tue, brûle, détruit les
péchés, même si ceux-ci se trouvent sous les toges de
sénateurs et de juges. »

Mais ça, c'est la traduction de Giono.

La traduction d'Armel Guerne donne plutôt ceci :

« Haute joie à celui qui, pour la vérité, ne fait pas de
quartier, qui tue, brûle et détruit tout péché, même à le
débusquer et à l'arracher de sous la toge des sénateurs
et la robe des juges. »

Ça me rappelle Armelle, qui avait fait le voyage de
Paris à Montréal pour étudier à l'UQAM. C'est là que je
l'ai connue. Elle avait la peau douce comme du papier

bible. Je me souviens de ses seins. Ils étaient très beaux, comme en équilibre. Des seins magnifiques, comme en suspension. Quand je lui ai retiré sa robe, on aurait dit qu'ils appelaient mes mains, et Dieu vit que cela était bon.

QUESTION DE PRINCIP

Sa mère lui a offert des brassards de natation. Il a eu
dix ans au début du mois. Aujourd'hui c'est dimanche.
Il fait chaud et humide. Pour une fois, la ville des vents
ne porte pas son nom. Les drapeaux sont en berne. Il
fait chaud à Chicago. Deux enfants marchent vers le
lac. Ils passent sous le métro aérien. C'est le début de
l'après-midi. Ils sont en pleine canicule. La baignade qui
les attend va les délivrer de tout ça, de cette chaleur, du
père alcoolo, de la mère qui pleure, des coups, de la ville.
Quand il plonge, quand il saute, quand il part vers le
large, il ne sent même plus l'eau, il ne nage pas, il vole, il
plane au-dessus des flots. Lui et son frère y passent des
heures, des jours. Mais là va falloir rentrer, commence
à être tard et on meurt de faim. On va quand même se
refaire une dernière fois le plongeon depuis la dernière
marche du ponton. Il monte, il grimpe, jusqu'en haut. Il
respire bien fort. Ça fait quand même toujours un petit
chatouillement dans le ventre le lac vu d'aussi haut. Et
il saute, et il descend, et il file, et c'est l'explosion de

son corps nu sur l'eau. On entend une énorme détonation, c'est le 28 juin 1914. Gavrilo Princip vient de tirer sur l'archiduc François-Ferdinand. Johnny éclate de rire. Il s'est fait peur mais ne s'est pas fait mal. C'était le dernier plongeon de la journée. À sept mille kilomètres de là, la Première Guerre mondiale vient d'éclater.

21

AL

1931, Johnny vient de se marier avec Bobbe Arnst. Il débarque à Miami pour une tournée de promo des maillots B.V.D. Entre les spectacles de nage et de plongeons, il est au bord de la piscine de l'hôtel. Il remarque un gosse solitaire, la tête dans les épaules. Alors pendant son séjour, Johnny, en chic type qu'il est, s'occupe de lui et finit par lui apprendre à nager. Puis, un matin, plus de gosse, il est parti comme il était venu.

Quelques semaines plus tard, Johnny reçoit un colis à l'hôtel. Il contient une magnifique montre en or. Sur la lettre qui l'accompagne, il lit ce qui suit :

« Merci de vous être occupé de mon fils. »

Signé : Al Capone.

22

L'AMÉRIQUE AVEC UN GRAND A

Il est né le 2 juin 1904 dans un village perdu de l'Empire austro-hongrois. Son père, Peter, est un ancien capitaine de l'armée de l'empereur François-Joseph. Sa mère, Elizabeth, vient d'une famille de fermiers qui possède quelques poules et un cochon. Ils se marient en 1904. En 1905, ils font leurs valises pour l'Amérique, l'Amérique avec un grand A.

23

RABELAIS

J'ai quitté le Québec pour venir ici rejoindre Annie-
Anne, parce qu'au lit ensemble nous dormions peu. J'ai
décidé de refaire ma vie ici. Nous nous sommes mariés
pour que je puisse rester et parce qu'ensemble au lit
nous lisions Rabelais.

BACHRACH

Un jour de 1920, Jonas est présenté à l'entraîneur national de natation Ed Bachrach qui lui demande de faire quelques longueurs. Et là Bachrach n'en revient pas. Ce gamin de seize ans dans l'eau à ses pieds avance à toute vitesse. Il a une technique abominable, on dirait qu'il se noie et pourtant il avance, il fend l'eau chlorée au nez du chrono. Son allure ahurit Ed. Il nage pourtant la tête bien trop haute, il n'est pas du tout synchro, il respire mal. Mais, comme le dira quelques années plus tard le grand Ed lui-même en parlant de ce jour miraculeux : « Le chronomètre ne ment pas ! »

On dit que Weissmuller avait développé cette technique de la tête au-dessus de l'eau à cause du lac Michigan. C'est en effet dans ses eaux sales qu'il apprit à nager. Pour éviter de bouffer les ordures qui flottaient, il nageait la tête hors de l'eau. Cette technique ne lui servit pas seulement à gagner des médailles d'or, elle fit aussi de lui un excellent interprète de Tarzan. Van Dyke, le réalisateur, était ravi de pouvoir faire des gros plans sur son visage hors de l'eau pendant qu'il nageait.

On dit aussi que, pour le rôle de Tarzan, Van Dyke (surnommé « One-Take Woody ») voulait un acteur qui porte le pagne sans se comporter comme s'il était nu. Weissmuller avait passé la première partie de sa vie en maillot de bain devant des milliers de spectateurs. C'était parfait. Il était plus à l'aise avec une feuille de vigne sur les hanches qu'avec un imper à la Bogart.

SANS-PAPIERS

Johnny a remporté toutes les compétitions dans lesquelles il s'est engagé. Il part à Paris pour les Jeux olympiques de 1924. Mais il n'a pas de papiers attestant sa citoyenneté américaine. Johnny Weissmuller est né dans un pays qui n'existe plus, dans une ville qui s'appelait Szabadfalu et qui maintenant se nomme Freidorf. Sa mère a beau clamer qu'il est un bon Américain, la rumeur enfle, ça devient une affaire d'État. Est-ce que le grand espoir olympique de Chicago va pouvoir ou non participer à la compétition ? Il est né dans ce qui est aujourd'hui la banlieue de Timisoara le 2 juin 1904.

C'est sans compter sur la détermination de certains.

Peter Junior, le frère de Johnny, est né à Windber, Pennsylvanie, en 1905. On va modifier un peu le registre de la ville, et hop, le tour est joué. Quelqu'un a ajouté un petit « Johnny » entre Peter et Weissmuller. Ce qui fait que Peter Johnny Weissmuller est né à Windber en 1905, et son frère Peter Junior en 1904 à Freidorf. L'aîné devient le cadet, et vice-versa.

À son retour de France, le maire de New York remet les clés de la ville à Johnny. En tête de la parade des athlètes, il descend la 5e Avenue sous les confettis et les vivats de la foule.

26

POILS

En 1926, le quadruple médaillé des Jeux olympiques de Paris est invité à visiter les studios de la MGM à Hollywood. Il y rencontre, médusé, son héros d'enfance Douglas Fairbanks. Ce dernier lui donne alors ce conseil : «Si jamais tu fais du cinéma, faut te faire raser tout le corps, sinon à l'écran les poils paraissent énormes. On ne voit plus que ça. C'est dégoûtant.»

27

RÉUNION DÉPARTEMENTALE

Je dessine un carré dans le coin gauche de la feuille. J'ajoute des traits. Je fais un cube. Je fais un autre cube. Je relie les deux cubes avec quatre lignes. Je noircis un des cubes. Je lui accole quatre cercles. Je fais un point dans chaque cercle. Dans un des cercles je trace des rayons. Puis dessous je dessine un triangle, puis un autre. Je tire un trait. Je le hachure. Je quadrille le coin droit de la feuille. Je remplis un carreau sur deux. La réunion départementale dure depuis quarante-cinq minutes.

Elle va s'étirer plus que l'heure prévue. On revoit les projets du mois. On s'attarde sur les trois jours de formation de la semaine prochaine. Trois collègues parlent en même temps. La clim maintient la pièce à 20° C. Le ventilateur du projecteur fait un bruit de fond. Derrière la vitre, je vois l'autoroute. Des camions et des voitures défilent entre les lames grises des stores. Sur la façade du bâtiment d'en face il y a le logo de la compagnie.

Le mur est gris. La moquette est grise. Les structures du mobilier sont grises. Un des panneaux du faux plafond est taché d'humidité. Ma collègue se sert un Coca-Cola light. La chef prend des notes. Un téléphone portable vibre sur la table en u.

Je dessine un sixième cube. On me demande ce que j'en pense. Je ne sais pas de quoi il est question. Je réponds que je suis tout à fait d'accord. J'ai envie de pisser. J'ai faim. Je note : 19 et 20 septembre, 10 h 30. Je noircis les deux zéros de 10 h 30. Il faut que j'achète du savon, du jus d'orange et du café en rentrant à la maison ce soir. On est le 26 ou le 27 ?

« Merci tout le monde, vous avez bien travaillé. On se revoit mardi prochain à la même heure pour faire un nouveau point. »

NOTRE SAUVEUR

En 1927, le héros olympique devient héros national. Alors qu'il s'entraîne dans le lac Michigan avec son frère qui le suit en chaloupe, un bateau de touristes fait naufrage à quelques centaines de mètres des deux hommes. Johnny à la nage, Peter à la rame, ils sont sur les lieux en quelques secondes, et Johnny plonge et remonte autant qu'il peut. Ce jour-là, il sauva quatre femmes, trois hommes et deux enfants d'une noyade certaine.

100 % POUR VOTRE GUEULE

Entre 1892 et 1954, plus de douze millions d'immigrants sont passés par là. Dans l'ombre de la statue de la Liberté se trouve l'île d'Ellis.

Les passagers de première et de seconde classe n'avaient pas besoin de passer par Ellis Island. Une simple vérification des passeports à bord suffisait. Si on pouvait se payer la première et la seconde classe, c'est qu'on était assez riche pour subvenir à ses besoins. L'Amérique vous acceptait les bras ouverts, vous n'alliez pas devenir une charge pour l'État.

Pour les autres passagers, par contre, c'était une autre histoire. Une fois le bateau dans le port de New York, et après que les premières et secondes étaient descendues, des barges venaient chercher les pauvres et les gueux des étages inférieurs pour les amener passer l'examen médical.

Sous les ordres de militaires, les pauvres d'Europe devaient se soumettre à l'inspection sanitaire et se plier

à la logique de l'Administration. En moyenne, la pro-
portion de personnes refusées tournait autour de 2%.
Mais, quand ça tombe sur vous, c'est 100% pour votre
gueule.

SANS LE LAC MICHIGAN

Sans le lac Michigan, Johnny Weissmuller n'aurait jamais gagné trois médailles d'or à Paris en 1924. Si un Métis et une Amérindienne n'avaient pas installé un comptoir commercial au bord d'un fabuleux lac au milieu de nulle part, Johnny Weissmuller n'aurait pas remporté deux médailles d'or à Amsterdam en 1928. Si les premiers colons d'Amérique n'avaient pas édifié Chicago sur les rives du lac Michigan, Johnny Weissmuller, né János, ne serait jamais devenu Tarzan. Il ne se serait jamais retrouvé au fond d'une piscine à nager avec Maureen O'Sullivan nue devant la caméra de W.S. Van Dyke. Il n'aurait jamais culpabilisé en pensant à la mort de Lupe Vélez. Il n'aurait jamais bu de whisky avec Humphrey Bogart et John Wayne le dimanche après-midi au Yacht Club de Beverly Hills. Si Louis Jolliet n'était pas parti à la découverte du Mississippi, Peter Weissmuller, le père de Johnny, ne serait jamais parti à la découverte du Nouveau Monde. Sans le lac Michigan et l'homme blanc, Peter n'aurait pas quitté la mine pour aller ouvrir un bar à Chicago. Il ne serait pas devenu alcoolique, n'aurait pas battu sa femme sous les yeux de son fils, qui fuguait pour aller dormir sous le métro aérien de la 17ᵉ Avenue.

Ils n'en n'ont jamais plus reparlé. Quand Johnny a eu douze ans, sa mère lui a dit que son père était mort. Ce jour-là, en jouant au chevalier et en imitant Douglas Fairbanks sautant d'une tour de guet à un pont-levis, Johnny fit une chute sur un piquet de clôture qui lui rentra sous la gorge et il se cassa un bras. Après six mois à ne pas pouvoir parler, Johnny se retrouva avec une voix trop aiguë. Ses cordes vocales avaient été affectées. Mais, grâce à ce handicap, il décrocha son premier boulot dans les rues de Chicago. Ce gosse de douze ans allait enfin pouvoir toucher un salaire en travaillant pour le marchand de légumes ambulant du coin. Debout devant la charrette, Johnny beuglait de toutes ses forces les aubaines et les prix du jour. Sa voix suraiguë faisait un malheur dans le quartier. Le marchand voyait ses revenus augmenter tous les jours. Surtout que certains achetaient des légumes simplement pour que le petit se taise et aille crier plus loin. C'est insupportable, cette voix, à la fin, il a encore réveillé mon petit dernier d'à peine trois mois. Lui qui dort déjà si peu. Son père travaille toute la nuit, le jour il a besoin de se reposer.

On le retrouve un peu plus tard garçon d'ascenseur, dans un hôtel du centre-ville, Downtown Chicago. Mais, quand il ne criait pas devant une charrette et n'appuyait pas sur un bouton d'ascenseur, Johnny partait nager avec son jeune frère Junior. De juin à septembre, ils vivaient dans l'eau glacée du lac Michigan. Leurs membres endoloris par l'eau froide préféraient cette caresse aux rigueurs du monde extérieur. Flotter, plonger, tourner sur le dos, rouler, se laisser couler, avancer d'un seul bras puis des deux. Les défis entre copains étaient une joie, même si c'était couru d'avance que Johnny gagnerait encore. Sauf s'il y avait des grands ; là, ça devenait de vraies courses. Un jour on lui proposa de venir s'entraîner à la piscine du YMCA. Il passait deux heures dans l'eau tous les jours. Il nageait vite, très vite. On finit par le présenter à Big Bill Bachrach, l'entraîneur étoile de l'équipe de natation de Chicago. Bachrach entraînait les meilleurs, les héros d'une jeune Amérique en quête de nouveaux dieux capables d'incarner la nation au-delà de la frontière. Ed Bachrach voulait aller aux Jeux olympiques. C'était l'ultime but de sa vie, les Jeux olympiques. Être le meilleur au monde, jolie perspective. Il n'y serait jamais arrivé, sans le lac Michigan.

31

LA VIDA NO VALE NADA

Aujourd'hui nous sommes allés voir un cirque. Un cirque sans animaux. Il y avait un clown, des acrobates et une trapéziste. Il y avait aussi une ballerine, un homme préhistorique et un Monsieur Loyal. Les gens riaient et applaudissaient. Au dernier numéro ils ont tous retenu leur souffle quand l'acrobate a plongé dans le vide accroché par les pieds.

Quand nous sommes sortis, mon fils a eu le droit de boire un Coca-Cola. Les artistes vendaient des posters et ils étaient lessivés. Nous sommes rentrés à la maison préparer le repas. Nous avons mangé en regardant des épisodes de Bugs Bunny sur YouTube. Le cirque et Bugs Bunny, ça se ressemble beaucoup. Je me demande si on pourrait dompter un lapin au cirque ? J'imagine un numéro de dompteur avec un lapin. Le lapin tourne en rond, mange une carotte et le dompteur avec son fouet n'arrive à rien. Il court derrière le lapin et ça fait rire les enfants. Puis il lui présente une peluche pour l'amadouer, une femelle lapin. Mais le lapin du cirque est bien dompté, il fait semblant que ça ne l'intéresse pas. Alors le dompteur sort un renard en peluche pour faire peur au lapin qui ne bronche pas. Il simule le renard dévorant la lapine. Et là, le lapin n'y tient plus, il se jette sur le dompteur. La foule est en délire.

VILLAJOYOSA

Vers la fin des années quatre-vingt-dix, j'ai vécu dans un quartier gitan. Par la fenêtre de la cuisine on voyait les gitanes s'éventer. Les mamies et les adolescentes discutaient. Un jeune coq s'arrêtait parfois en scooter ou en moto. Il faisait une chaleur humide du bord de la Méditerranée en juillet au sud-est de l'Espagne.

Je ne peux plus me taire / je ne peux plus vivre comme ça / parce que je ne peux pas / parce que, même si Dieu le veut, moi je ne le veux pas / parce que je ne peux plus, ah, parce que je ne peux pas, ah / parce que je ne peux pas vivre sans elle // je suis gitan et je viens à tes noces / pour déchirer ma chemise / je suis gitan et je viens à tes noces / pour déchirer cette chemise qu'ils ont tachée.

— Camarón de la Isla, *Soy Gitano*

DIX MILLE DOLLARS

Après sa carrière olympique, Johnny commence une carrière professionnelle pour les maillots de bain B.V.D. Il fait son show dans des foires aquatiques, l'équivalent, à l'époque, du cinéma grand écran Dolby Surround Stereo System. Les gens vont voir des spectacles de natation où il y a des dizaines de numéros. Il y a le plongeon, la nage synchronisée, les courses de vitesse, les sirènes qui se jettent à l'eau avec des plumes d'autruche blanches en panache éclatant sur la tête. C'est l'Amérique des années trente, la folie d'une nation riche et sûre d'elle-même. Déjà puissante mais pas encore arrogante. Encore trop heureuse de pouvoir continuer à vivre dans l'illusion du Nouveau Monde. L'Amérique des Aquacad, c'est la nation qui se construit. L'Amérique, c'est le spectacle. Après l'Ouest, il fallait une nouvelle conquête. Ce sera Hollywood.

Bref, le 28 février 1931, Johnny épouse une certaine Bobbe. Manque de bol pour elle, c'est juste un peu après ça que Hollywood met le grappin sur son homme. Et une des conditions que la MGM pose dans son contrat, c'est que Johnny soit célibataire. Les jeunes filles qui viendront le voir sur grand écran doivent pouvoir croire qu'elles pourraient se retrouver dans ses bras, devenir la femme de sa vie, sa douce moitié. Mais là, notre bon Big John claque la porte. Il paraît que c'était la première fois dans l'histoire des majors que quelqu'un refusait un contrat de cinq cents dollars par semaine pour faire du cinéma. Mais les studios n'avaient pas dit leur dernier mot. Des hommes de main allèrent trouver Bobbe, la jeune épouse de Weissmuller, et lui laissèrent entendre que, si elle était conciliante, Hollywood lui donnerait un coup de pouce dans ses débuts de carrière de jeune chanteuse. Et puis aussi, on lui verserait un premier acompte de dix mille dollars dès le divorce prononcé. C'était le genre de proposition à ne pas refuser, à moins de ne pas tenir à sa santé.

Quand Weissmuller apparut pour la première fois au milieu de la jungle sur les écrans de Hollywood Boulevard et qu'il embrassa Maureen O'Sullivan, Bobbe buvait ses premiers whiskys à Las Vegas avec des hommes d'affaires vraiment très très gentils.

SYMBOLES

Le bûcher de Galilée, la pomme de Newton, le cerf-volant de Benjamin Franklin, la balle de Kennedy, l'empreinte d'Armstrong, la papamobile de Jean-Paul, le livre rouge de Mao, la croix du Christ, la grenouille de Volta, le béret du Che, la barbichette de Lénine, la main dans la veste de Napoléon, le dé de Mallarmé, la route de Kerouac, le portrait de Wilde, l'imperméable de Bogart, la Porsche de James Dean, la formule d'Einstein, Marilyn et sa bouche de métro, Woody Allen et son pont de Brooklyn, la lyre de Néron, la coupe de cheveux des Beatles, Tintin et Milou, les lauriers de César, la canne de Chaplin.

Tarzan et Cheeta, Jane, un lion, un crocodile, des lianes, des éléphants et un cri qui retentit du fond des âges, de nos rêves d'enfant.

LOLLIPOP

Mieux vaut être là où on est vraiment bien. Comme dans tes bras par exemple. À ne rien faire, mon amour, à ne même pas avoir envie d'écrire. À simplement sucer ton sein, heureux.

SAMUEL DE CHAMPLAIN

Ça dure depuis des semaines. La fièvre ne le lâche plus. On continue à lui faire bouillir des écorces de bouleaux. Quand il ouvre les yeux, tout tourne. Il se croit à nouveau sur l'Atlantique. Il a traversé cet océan trop souvent, vingt fois en trente ans. Dans ses moments de lucidité il revoit le premier voyage. Il se dit que ce jour-là, en l'an de grâce 1603, il aurait peut-être mieux fait de rester à Brouage.

Il y avait eu la tempête à l'entrée du grand fleuve, les baleines par centaines, la côte sauvage, les Indiens et son premier hiver en Canada. Tant de gens l'ont suivi, tant d'hommes et de femmes pour former cette colonie, pour fonder cette ville de Québec en 1608.

Lui qui est remonté jusqu'aux Grands Lacs, il ne peut plus bouger les jambes. La paralysie s'est installée. En ce jour de Noël, elle gagne le cœur. Champlain meurt. On est en 1635, Rembrandt peint *Le festin de Balthazar*. Joyeux Noël. Aujourd'hui, grâce à Cartier et à Champlain, des millions de Québécois maudissent le froid, la neige et l'hiver.

MIEUX VAUT RESTER COUCHÉ

On se réveille les yeux gonflés. On n'arrive pas à se dire qu'il va falloir sortir de ce lit. On ne sait pas pourquoi. Si dehors il pleut, tant mieux. S'il fait soleil, ce sera pire. On regarde autour en se demandant ce qu'on peut bien faire là. C'est notre chambre mais ça pourrait tout aussi bien être celle de quelqu'un d'autre, on s'en fout. La journée va être longue. Comment on va faire pour ne pas chialer en prenant son café. Et puis vient le moment de s'habiller, et c'est là qu'on craque, lorsque nous sommes obligés de nous regarder dans la glace, lorsque nos yeux s'emplissent de dégoût à la vue de ce visage laid, qu'on voudrait ne jamais avoir croisé.

DROIT DE VISITE

En 1948, son comptable lui fait part d'une triste nouvelle : « Johnny, tu n'as plus un rond ! Tu es ruiné ! » L'acteur qui était le mieux payé au monde n'a plus d'argent. Il ne lui reste rien. Après le champagne, les fêtes, les filles, les yachts, la maison sur Sunset Boulevard, les trois piscines, les voyages en première sur Pan Am, c'est la fin. Beryl, sa troisième épouse, avait fermé les yeux sur les débauches hollywoodiennes. La banqueroute est la goutte d'eau qui fait déborder le vase. Elle demande le divorce. En raison des frasques et de l'alcoolisme de son mari, elle l'obtient facilement, ainsi que la garde de leurs trois enfants : Johnny Junior, Wendy et Heidi. Leur père n'a le droit de les voir que si son ex-femme lui en donne l'autorisation, c'est-à-dire si elle téléphone au Palais de justice en disant qu'il peut venir les chercher. S'il vient sans cette autorisation, il risque la prison. Beryl aimerait bien le voir un peu derrière les barreaux, juste pour le plaisir, juste pour se venger un peu.

Alors, tous les dimanches, elle habille proprement ses trois enfants en leur disant qu'aujourd'hui leur papa va venir les voir. Elle leur dit d'aller s'asseoir sagement au salon après le repas, car il devrait bientôt arriver.

Pendant ce temps, tous les dimanches, Johnny passe au Palais de justice pour savoir si son ex a passé le coup de fil d'autorisation. Tous les dimanches, un genre de greffier lui fait signe que non. Ils auraient pu aller au parc d'attractions, à la plage, au cinéma.

Quand Weissmuller raconta la vérité à son fils quadragénaire, ce dernier eut la plus grande tristesse de son existence. Il en avait voulu toute sa vie à son père pour ces innombrables dimanches passés l'espoir au ventre, l'espoir qu'enfin Tarzan viendrait les chercher, lui et ses sœurs, pour une journée inoubliable. Ça n'arriva jamais. Sa mère s'était simplement servie des enfants. Ils avaient été des appâts. Elle voulait que Tarzan vienne sans autorisation pour parvenir à le faire boucler. Quand Junior voyait Johnny Sheffield sur l'écran, entre Tarzan et Jane, il pleurait. Pourquoi Tarzan avait-il un fils, et pas Weissmuller ?

39

JFK

John Fitzgerald Kennedy a dit à propos d'Ellis Island :
« Il y avait certainement autant de raisons de venir en
Amérique que de personnes qui y venaient. »

Les persécutions religieuses, les aléas de la vie, le
chômage, la famille, l'envie d'aventure, c'était là les raisons de la plus grande migration de l'histoire de l'humanité. À partir de 1892, la majorité des immigrants,
douze millions, firent leur entrée dans la vie américaine
par cette île. Aujourd'hui Ellis Island est un musée en
mémoire de tous ceux qui ont fait de cette nation leur
pays d'adoption.

L'aéroport JFK de New York reçoit en moyenne cinquante millions de passagers par année. Moi, la dernière
fois que je suis passé à JFK, c'était pour me rendre à un
congrès dans le New Jersey. On venait d'atterrir. J'attendais mon tour pour passer aux douanes, montrer mon pas-
seport, répondre aux questions. Mon téléphone a sonné,
j'ai répondu et j'ai vu un gorille en uniforme se jeter sur
moi en criant : « Éteignez ce téléphone immédiatement !

Éteignez-moi ça tout de suite ! » Dans ma surprise, j'ai hésité. Il m'a fait une clé de bras, je me suis retrouvé étendu par terre. Quand j'ai raconté l'épisode à mes collègues américains, ça leur a semblé normal.

Après les douanes, à JFK, ces mots de la Déclaration d'indépendance sont gravés en lettres d'or sur une plaque en faux marbre vissée au mur : « Tous les hommes sont créés égaux ; ils sont doués par le Créateur de certains droits inaliénables ; parmi ces droits se trouvent la vie, la liberté et la recherche du bonheur. » Bienvenue en Amérique.

40

JUNGLE HUT, INC.

Au début de 1969, une idée qui trottait dans la tête de Johnny depuis un moment prend forme. Il lui donne le nom de : Jungle Hut, Inc. Il espère pouvoir créer des filiales dans quatre secteurs : les restaurants Jungle Hut, les marchés de fruits et légumes Johnny Weissmuller, les boutiques de cadeaux Safari Hut de Johnny Weissmuller et les Johnny Weissmuller's Ungawa Club Lounge. Or, mis à part quelques magasins de produits de santé à Los Angeles, à St. Louis et à Chicago, sa multinationale s'écrase avant d'avoir décollé.

En 1973, Johnny Weissmuller est au plus bas. Il en est à son cinquième mariage, et son comptable est parti depuis longtemps avec la caisse. Il vieillit, il est gros, il a des cheveux blancs, un double menton, sa gloire s'estompe. Il lui reste encore quelques galas à animer. Il participe à une journée spéciale à San Antonio où tous les acteurs ayant incarné Tarzan à l'écran sont réunis. Pour la photo officielle, on les affuble d'une peau de bête et on leur demande de sourire. C'est pathétique. Ils sont vieux et fatigués mais le réflexe est encore là, et c'est ce qui rend la photo tellement triste, ces hommes aujourd'hui trop vieux : ils ont goûté au plaisir de l'adulation, d'être un sex-symbol. Trente ans plus tard, dans leur sourire et leur pose s'exprime toujours et encore ce regret de ne plus être, d'avoir été mais de n'être plus. C'est vraiment à vous dégoûter de devenir célèbre. C'est comme les photos des vieilles actrices de cinéma qui se sont fait remonter le visage des centaines de fois et qui croient encore qu'elles peuvent se tenir devant une caméra sans susciter un profond sentiment de dégoût chez ceux qui les regardent.

Après les galas et les ouvertures officielles de piscines municipales, Johnny fait l'hôte au Caesars Palace. Bon, d'accord, c'est le plus grand hôtel de Las Vegas, mais il est quand même là juste pour faire le figurant. Il est là pour faire jaser : « T'as vu, c'est Tarzan qui nous a dit bonjour et qui nous a donné les menus. T'imagines, au Caesars Palace ils ont les moyens de se payer le seul, le vrai, l'unique Tarzan ! »

Les gens ne savent pas que Weissmuller est ruiné. Ils ne savent pas qu'il a joué Jungle Jim pendant toutes ces années juste pour arriver à payer le loyer. Il n'a rien devant lui. Il est au Caesars non pas pour s'amuser mais pour survivre.

Un soir de grande affluence, il se prend les pieds dans le tapis, au sens propre. Il tombe et se fracture une hanche. C'est là le début d'une longue série de problèmes de santé.

On a raconté un paquet d'histoires sur la vie de cet ancien champion olympique et sur cette star de l'histoire du cinéma. Il y en a des vraies, il y en a des fausses. Celle qui se passe à Cuba est pas mal.

Un tournoi de golf d'anciennes vedettes du cinéma est organisé à La Havane. Nous sommes en 1959. Castro est au pouvoir depuis quatre mois et l'embargo américain n'est pas encore envisagé. Weissmuller et ses coéquipiers sont en route pour le terrain de golf mais des rebelles cubains, mitraillettes au poing, stoppent la voiture. Alors Weissmuller n'a qu'un réflexe, il lâche son fameux cri de Tarzan, qui a fait autant pour sa légende que ses muscles et sa manière de fendre l'eau. Les rebelles, après quelques secondes de surprise et d'hésitation, reconnaissent le héros du grand écran. Alors, fiers comme des paons, ils escortent Weissmuller et ses potes jusqu'au terrain de golf. On ignore si c'est à cette même occasion que Castro rencontra le vice-président à la Maison-Blanche, Richard Nixon, plutôt qu'Eisenhower, qui prétexta une importante partie de golf. Il laissa Nixon aller discuter avec le Lider Maximo pour savoir s'il était communiste.

Johnny a aussi eu une autre idée d'affaires : le Merveilleux Monde tropical, qui aurait abrité une ferme de serpents, un zoo d'animaux de compagnie et une boutique de vêtements à Titusville en Floride. Mais ce projet ne se réalisa pas plus que les autres.

CARNAGE

J'avais douze ans, un arc et des flèches. Avec ma mère et ma grand-mère, ma tante et mon oncle, on se promenait dans un bois, près de la cabane à sucre de mon grand-père. C'était l'été, il faisait beau et j'étais un chasseur guettant sa proie.

Au détour d'une grosse cordée de bois, une nuée d'écureuils s'est dispersée dans toutes les directions, ça courait ici, grimpait là, s'enfouissait dans les creux, grattait dans les troncs et voltigeait dans les feuilles. Il y en avait partout. C'était merveilleux, mais j'avais un arc et des flèches. La première est allée se perdre un peu loin. La seconde a cloué un écureuil au tronc de l'érable à cinq mètres devant moi. J'ai crié. L'écureuil se débattait, griffait l'arbre avec ma flèche dans le dos.

Mon oncle a écrasé la bête sous sa botte pour abréger ses souffrances.

Aujourd'hui, je suis serveur dans un resto branché de Montréal.

HIROSHIMA

Quand Louis Réard veut lancer son tout nouveau maillot de bain, le bikini, aucun top model parisien de l'époque ne veut se compromettre en portant ce bout de tissu qui ne cache presque rien. Alors, on embauche une strip-teaseuse du Casino de Paris. Elle a l'habitude qu'on la voie à poil, avec ou sans bikini, ça ne lui fait ni chaud ni froid. Elle s'appelle Michèle Bernardini, elle est montée à Paris à dix-huit ans, etc.

Ce 18 juillet 1946 à la piscine Molitor, elle va connaître ses quinze minutes de gloire avant même que Warhol n'invente le concept. Il y a foule. Elle se tient devant les journalistes. La pièce de tissu qui recouvre les seins, le sexe et les fesses de Michèle Bernardini tient dans une simple boîte d'allumettes. La presse est en folie. « La première bombe anatomique », comme le dira plus tard la réclame publicitaire. Les journaux du lendemain glosent à profusion sur l'obscénité de ce nouveau vêtement qui laisse entrevoir dans la période grise de l'après-guerre un nouveau territoire à conquérir. On n'arrive pas à croire qu'un jour toutes les femmes, l'été sur les plages, vont se promener ainsi dévêtues. En baptisant sa création du nom de l'atoll où l'arme la plus destructrice de l'humanité explose, il crée une arme de paix massive. Le jour où ils pourraient regarder déambuler les femmes en bikinis, les hommes oublieraient de faire la guerre. Ça n'a pas duré longtemps. Le bikini fut interdit sur plusieurs plages en France, en Espagne et en Italie. Il faudra attendre Brigitte Bardot en bikini vichy pour faire tomber la censure.

Certains critiques parisiens acerbes écrivirent, le lendemain de l'exhibition du bikini à la piscine Molitor, que cette chose s'appelait un bikini parce que c'était tout ce qui restait sur le corps des survivants après l'explosion de la fameuse bombe testée dans l'archipel Marshall.

Face à ce mépris, Réard n'eut qu'une réplique : «Bikini – plus petit que le plus petit des maillots de bain au monde.»

La boutique de Réard, avenue de l'Opéra, ferma ses portes l'année de la mort de Weissmuller, en 1984.

43

POURQUOI DO RÉ MI FA SOL LA SI DO ?

Nous devons cette appellation des notes au moine toscan Guido d'Arezzo, qui a fixé la hauteur exacte des sons et leur a donné un nom, en prenant la première syllabe des sept premiers vers de cet hymne à saint Jean :

Ut queant laxis
Resonare fibris
Mira gestorum
Famuli tuorum
Solve polluti
Labii reatum
Sancte Iohannes

(Pour que puissent
résonner des cordes
détendues de nos lèvres
les merveilles de tes actions,
enlève le péché

de ton impur serviteur,
ô saint Jean)

En 1673, l'Italien Bononcini remplaça « ut » par « do »,
qui est de meilleure sonorité.

44

L'HOMME QUI NE PERDIT
AUCUNE COURSE

J'ai combattu des crocodiles au cœur de l'Afrique. J'ai mangé des racines et dansé avec les lions. Je suis né dans la jungle profonde au milieu des reptiles. J'ai mangé des insectes. Des millions de femmes se sont endormies le soir avec dans la tête des images grandioses où je nageais avec force, mon couteau entre les dents, le corps buriné par le soleil, bravant les piranhas, vers la femme de ma vie. Un boa constrictor violait son corps fragile et tentait de la noyer en se laissant couler au fond de la rivière. Je tranchai la tête du serpent, et nous fîmes l'amour toute la nuit.

Je m'appelle Johnny, et Tarzan l'homme singe, c'est moi.

Il fut le premier à réaliser le cent mètres nage libre en moins d'une minute. C'était le 9 juillet 1922. Il remporta cinquante-deux titres de champion des États-Unis, et établit vingt-huit records du monde. Johnny

Weissmuller n'a jamais perdu une seule course jusqu'à sa retraite sportive.

Une des particularités de Johnny Weissmuller est de nager le crawl avec la tête hors de l'eau, méthode abandonnée depuis.

45

LANGAGE

La plus grande conquête de l'être humain, c'est le langage.
La plus grande conquête du langage, c'est l'être humain.

46

LUPE [LOUPÉ]

Lupe Vélez, de son vrai nom María Guadalupe Vélez de Villalobos, était une actrice mexicaine plus célèbre pour sa vie amoureuse tumultueuse que pour ses talents d'actrice. Après une romance avec Gary Cooper, elle épousa Johnny Weissmuller en 1933. Mais Lupe buvait trop, était fragile, et fera vivre un enfer au pauvre Tarzan incapable d'endurer cette Jane indomptable. Ils divorcent en 1939.

Lupe boit de plus en plus, s'essaie aux psychotropes, s'affole dans les bals mondains en présence de Chaplin ou Fairbanks. À trente-six ans, elle se retrouve enceinte d'un jeune acteur, Harald Maresch, qui refuse de reconnaître l'enfant. C'en est trop, elle a raté sa vie avec Gary, elle a raté sa vie avec Johnny, elle a raté sa vie au cinéma, personne ne veut l'apprécier à sa juste et inestimable valeur. Alors l'ancienne icône des salles obscures, tant de fois filmée en gros plan, sous une lumière blanche formant un halo angélique autour de son visage, décide d'en finir. Elle va se venger.

Un soir de décembre, l'enfant dans son ventre, elle a tout planifié. La mise en scène finale sera parfaite. Des centaines de bouquets de roses parfument sa villa. Elle a fait venir sa maquilleuse, sa coiffeuse, son habilleuse. Elle se prépare pour la dernière scène.

Les draps immaculés du lit sont savamment disposés, elle se voit déjà en Cendrillon terrassée, son bras ballant ayant laissé choir le dernier verre de champagne de sa vie.

En début de soirée, elle chasse tout le monde. Elle veut rester seule. Elle verse le champagne et avale les cachets. Elle voudrait pleurer mais n'ose pas, de peur que son Rimmel ne se mette à couler. Et elle s'étend, la tête bien haute sur une montagne de coussins. Et elle retient ses larmes. Et elle boit. Et elle reprend des cachets. Sa tête tourne. Elle ne croyait pas que la fin serait si facile. L'enfant dans son ventre, il est comme engourdi. Elle ne le sent plus. Elle sent seulement son estomac qui se serre. Son cœur se soulève. Et tout à coup, la panique l'envahit, elle réalise qu'elle va vomir. Non, ce n'est pas possible, pas maintenant, pas avec cette robe blanche, pas avec la fine poudre sur ses joues. Et son rouge à lèvres, et les roses, le parfum des roses dans la maison ? Non, pas tout ça pour rien, elle doit vite aller à la salle de bain. Ça va passer. Ce n'est pas grave.

Lupe Vélez se suicide le 13 décembre 1944, à l'âge de trente-six ans. On la retrouve, la tête dans les toilettes, pleine de vomi, les yeux noirs, la bouche crispée, un rictus de dégoût sur les lèvres. Elle a raté sa sortie. The Mexican Spitfire n'est plus.

Le suicide de la panthère hispanique marquera également la fin de la carrière du jeune acteur Harald Maresch. Le public américain ne lui pardonne pas le suicide d'une actrice enceinte. Comment a-t-il pu refuser le bonheur à cette angélique créature ?

WEISSMULLER ÉPOUSE
UNE GOLFEUSE

Reno – Nevada – 7 février 1948

Cinq heures après avoir divorcé de Beryl Scott, sa troisième épouse, Johnny (Tarzan) Weissmuller, quarante-trois ans, convole en justes noces avec Allene Gates, vingt-deux ans, championne de golf de Los Angeles. Plus tôt dans l'après-midi, Big John s'était vu accorder son divorce d'avec la mère de ses trois enfants, après neuf ans de mariage.

C'est donc le quatrième mariage de Johnny. Ses épouses précédentes sont, dans l'ordre, la chanteuse Bobbe Arnst, la regrettée Lupe Vélez et la mondaine Beryl Scott. Des rumeurs existent à propos d'un autre mariage, avant Bobbe Arnst, avec une certaine Camilla Louie, mais il n'y a pas de traces officielles.

En tout cas, on ne me dira pas que tous les acteurs sont superstitieux. Weissmuller et sa nouvelle épouse se sont envolés ce vendredi 13 février pour Londres, où le nageur participera à un gala aquatique.

PANTHÈRE NOIRE

Betty Leabo, mieux connue sous le nom de Brenda Joyce, a pris la suite de Maureen O'Sullivan aux côtés de Johnny Weissmuller pour cinq films de la série des *Tarzan*.

Brenda est la mère d'une charmante petite Pamela. Elle a d'ailleurs organisé une magnifique fête d'anniversaire pour les cinq ans de sa fille chérie dans sa résidence de Beverly Hills la semaine dernière. La fête a malheureusement tourné court. Peu avant de couper le gâteau, Brenda a montré quelques photos de son dernier tournage avec Tarzan. C'est à ce moment que sa fille Pamela est prise d'une crise d'hystérie en voyant sa mère poursuivie dans la jungle par une panthère noire enragée.

Tarzan et la chasseresse, produit par la RKO, resta ainsi gravé dans la mémoire de Pamela à cause de cette maudite panthère noire.

49

BRAUTIGAN

Le matin du 4 octobre 1984, Richard Brautigan s'est levé en se disant : « Ça, c'est une journée à se tirer une balle dans la tête. » Et vous savez ce qu'il a fait ? Il s'est tiré une balle dans la tête.

GENTLEMEN ONLY, LADIES FORBIDDEN

Une célèbre photo de Weissmuller juste avant le début de sa chute nous le montre à quarante-trois ans avec sa jeune et délicieuse épouse la golfeuse Allene Gates. Elle a vingt-deux ans, ils sont à Rome. Ce sont les plus beaux jours de leur vie. L'après-midi, Johnny nage dans des piscines entourées de centaines de spectateurs, ce n'est plus la grande gloire olympique, mais ça met du beurre dans les épinards. Et le soir, c'est les sorties dans de somptueux restaurants italiens. Allene porte une écharpe en hermine d'un prix exorbitant. Elle a des cheveux qui tombent en vagues dorées sur ses fragiles épaules. Johnny a mis sa cravate et son sourire fendu jusqu'aux oreilles. Ils sont heureux.

Cette gamine, il l'a rencontrée sur un terrain de golf. C'est la fille de l'un de ses partenaires. À force de faire des parcours ensemble, ils se lient d'amitié. Elle n'a que vingt ans, lui quarante, mais pensez donc, c'est lui l'hydravion humain, le champion olympique et, surtout, l'Apollon des salles obscures, l'Adonis au torse luisant que des millions de femmes dans le monde ont rêvé de tenir dans leurs bras. Comment Allene, une jeune fille californienne de bonne famille, pouvait-elle résister ? Il aurait pu être son père, mais comment la championne des greens californiens pouvait-elle échapper à l'homme singe ?

Un samedi après-midi au club de golf devant un scotch, après le dix-huitième trou, Big John demande à son partenaire, respectable père de famille de cinquante ans, la main de sa fille. Ce fut leur dernière partie de golf ensemble.

MOUTON

Un mouton
mouillé
en mai

fait des maillots
marron
en mer

Un mouton
marron
en mai

fait des maillots
en mer
mouillés

JE ME SOUVIENS

Comment dire ? J'en ai plein le cul. Plein le cul de plein de trucs. Je ne sais plus par quel bout prendre ma vie. Ma vie de merde. J'en ai plein le cul de tout ça. Alors comment commencer ? Est-ce parce que je vais avoir quarante ans ? Peut-être que c'est parce que je n'ai jamais osé. Mais osé quoi ? À trop vouloir être parfait et faire comme il faut, je n'ai jamais rien fait. Je me suis laissé prendre dans toutes leurs combines à la con. Et là je dégueule. Là je vomis. Là ça me serre la gorge. Ça me noue les tripes. Ça me retourne l'intérieur. Je ne sais plus par quel bout prendre l'affaire. Je ne sais plus rien. C'est un mal qui enfle. Il enfle depuis trente ans, depuis vingt ans, depuis trop longtemps. Il n'y a que l'eau et la nage pour oublier. C'est tout ce qui m'a aidé. Jusqu'à ce que je découvre les joies de l'alcool. Un bon verre pour l'amour de l'oubli. Un bon verre pour l'amour du souvenir. Je me souviens.

ON THE ROAD

Si Kerouac a réussi à écrire *On the Road* en trois semaines, après sept ans de bohème, je devrais bien être capable d'écrire *Sur l'autoroute* en une semaine, après neuf ans d'embouteillages. S'agit juste de laisser aller, de dérouler le fil.

Prendre son souffle, et bang !

54

OSE IRIS

Lisa lisait
Lys sur l'azur
l'iris usé.

55

1914–1981

Je me souviens très bien de la seule gifle de mon père. Je me souviens du bruit court et sec. J'avais la joue engourdie. J'avais douze ans. C'était l'été. Avec mon pote Donald on faisait des cabanes dans les arbres. Cette gifle, je ne sais plus pourquoi, c'était comme un affront. Je ne l'ai jamais digérée, c'est d'ailleurs pour ça que je m'en souviens encore. Les jours suivants, je n'avais qu'une idée en tête : fuguer. Prendre ma tente et mon sac de couchage et partir camper dans les bois quelques jours. Ça m'obsédait. Donald voulait venir avec moi. On se montait la tête. Fallait le faire si on était des hommes. Nous ne l'avons pas fait.

Johnny à Chicago sur Cleveland Avenue, c'était la baston hebdomadaire. Sa mère aussi prenait des claques. Johnny serrait les dents. Un jour, il allait le tuer ce père monstrueux. Mais à Chicago, sur Cleveland Avenue, en 1914, un gosse battu c'était banal. Pour moi, c'était une toute petite claque, un énervement passager que mon père a regretté, et j'en ai fait tout un plat. C'était en 1981.

UNE SEULE DÉFAITE

Il était une fois un jeune garçon qui s'appelait Johnny. À Chicago en 1914, il avait dix ans. Son père et sa mère étaient des immigrés hongrois. Ils étaient passés par Ellis Island avant de rejoindre de la famille à Windber, Pennsylvanie.

In God We Trust.

À dix ans, Johnny apprend qu'il est atteint de poliomyélite. Les symptômes de la poliomyélite ont été décrits successivement, au début du dix-neuvième siècle, sous les noms de paralysie dentaire, paralysie spinale infantile, paralysie essentielle de l'enfant, paralysie régressive, myélite des cornes antérieures et paralysie du matin. Le docteur conseille donc à sa mère de le mettre à la natation. C'est comme ça que Johnny se retrouve à la piscine du quartier, la piscine du parc Stanton de Chicago, tous les jours de la semaine. À douze ans, il nage tellement bien qu'il intègre l'équipe du YMCA.

Le 2 juin 1920, en soufflant les seize bougies sur son gâteau d'anniversaire, Johnny souhaite en secret que cette année soit celle où il pourra nager avec l'équipe du plus prestigieux club de la ville : l'Illinois Athletic Club. Son souhait se réalise quelques mois plus tard quand on le présente à l'entraîneur étoile Ed Bachrach. Ce dernier n'en revient pas : « Le chronomètre ne ment pas ! » Il ajoutera : « En plus, ce petit, il ne donnait même pas tout ce qu'il avait ! »

Johnny Weissmuller, le jeune prodige du coach Bachrach, fait ses débuts en amateur le 6 août 1921 dans un cinquante yards style libre et il perd. Ce sera sa seule défaite. Son bonnet de bain lui était tombé sur les yeux. La course suivante est la bonne, il n'en perdra plus jamais aucune. Ce cent yards est sa première compétition dans le cadre de l'Amateur Athletic Union, qui a régi le sport aux États-Unis pendant la majeure partie du vingtième siècle.

Un an plus tard, en 1921, il a dix-sept ans et bat le record du monde du cent yards à Brighton Beach, New York. Il devient pour les journaux de l'époque : l'homme-dauphin, le prince des vagues, l'hydravion humain, la perle aquatique. Dans le Chicago des années vingt, dominé par Al Capone, la mafia et le scandale des Black Sox, Weissmuller fait figure d'ange blanc. Il rachète les péchés de la ville aux yeux du monde.

De 1921 à 1928, Johnny remporte cinq médailles d'or olympiques, cinquante-deux championnats nationaux, soixante-sept championnats mondiaux. Il établit cinquante et un records du monde et quatre-vingt-quatorze records américains. Il est également membre de l'équipe nationale de water-polo jusqu'en 1927.

Déjà à l'époque de Weissmuller, la science se veut au service du sport. Des préparations spéciales à base de bicarbonates, après d'intenses efforts, neutralisent l'acidité musculaire, atténuant la fatigue et les courbatures ainsi que l'acidose sanguine. Les améliorations de performances évaluées par les scientifiques en laboratoire sont comprises entre 30 et 90 %. Ces informations sont dans *Swimming the American Crawl,* ouvrage paru en 1931 mais aujourd'hui épuisé, même sur Amazon.

À la fin de sa gloire olympique, Johnny laisse tomber la natation amateur pour un contrat de promotion des maillots B.V.D. à trois cents dollars la semaine. Il est riche! On lui demande de loger dans des hôtels cinq étoiles, de nager, de boire des verres avec les plus belles filles du pays, de se montrer presque nu en maillot B.V.D., de faire la fête, d'avoir l'air parfaitement heureux; tout ça pour un salaire exorbitant. Johnny s'exécute, et ce sont les plus belles années de sa vie.

Puis, un jour, il visite les studios de la MGM. On le veut comme partenaire de Maureen O'Sullivan, la future maman de Mia Farrow. Il n'est pas du tout acteur, sa voix trop aiguë est insupportable, mais de toute façon il n'aura à dire que deux mots : Tarzan, Jane.

Le succès au box-office est immédiat. Les masses miséreuses d'après la grande dépression sont portées par l'histoire de ce héros sorti tout droit de l'état de nature.

Tarzan n'a pas de vêtements, pas d'armes, pas de livres, pas de travail, et il est heureux. Il a retrouvé le paradis perdu. Il est pur et bon. C'est le héros suprême. Il porte en lui la force de la vie et ça lui suffit.

Weissmuller tourne dix longs métrages de Tarzan entre 1932 et 1948. Entre *Tarzan, l'homme singe* et *Tarzan et les sirènes*, il est un des acteurs les mieux payés de Hollywood.

57

PHELPS MOINS 100

Michael Phelps est né en 1985 à Baltimore. Il commence à nager à l'âge de sept ans pour traiter un trouble déficitaire de l'attention (l'hyperactivité). Il est aujourd'hui entré dans la légende en remportant huit médailles d'or aux Jeux olympiques de Pékin en 2008. Depuis le début de sa carrière, il a gagné quatorze médailles d'or olympiques. On le dit le plus grand nageur de tous les temps, un des plus grands athlètes olympiques. Il n'a pourtant jamais remporté l'or au cent mètres nage libre. Faut dire qu'il n'y a jamais participé.

Voici la liste de ceux qui l'ont fait :

Athènes 1896	Alfréd Hajós
Londres 1908	Charles Daniels
Stockholm 1912	Duke Kahanamoku
Anvers 1920	Duke Kahanamoku
Paris 1924	Johnny Weissmuller
Amsterdam 1928	Johnny Weissmuller

Los Angeles 1932	Yasuji Miyazaki
Berlin 1936	Ferenc Csík
Londres 1948	Walter Ris
Helsinki 1952	Clarke Scholes
Melbourne 1956	Jon Henricks
Rome 1960	John Devitt
Tokyo 1964	Don Schollander
Mexico 1968	Michael Wenden
Munich 1972	Mark Spitz
Montréal 1976	Jim Montgomery
Moscou 1980	Jörg Woithe
Los Angeles 1984	Rowdy Gaines
Seoul 1988	Matt Biondi
Barcelone 1992	Alexander Popov
Atlanta 1996	Alexander Popov
Sydney 2000	Pieter van den Hoogenband
Athènes 2004	Pieter van den Hoogenband
Pékin 2008	Alain Bernard

Le lecteur attentif aura remarqué que le premier nageur de l'histoire à remporter l'or au cent mètres nage libre était un Hongrois : Alfréd Hajós. Et il y a eu Weissmuller. Et enfin, en 1936 : Ferenc Csík, un autre Hongrois. Je pose donc la question : qu'est-ce qui pousse tous ces Hongrois à nager aussi vite ?

58

SIROP D'ÉRABLE

Il a bien fallu qu'elle vive. C'est l'habitude qui l'a sauvée. Son corps était habitué à respirer, ses pieds à avancer l'un devant l'autre, sa bouche à articuler des sons. Petit à petit tout cela est devenu mécanique puis naturel. À la fin de l'année 1969 elle a célébré son vingt-quatrième anniversaire de naissance, son premier anniversaire de mariage et les dix mois de son nouveau-né.

Elle a eu un salon de beauté. Elle a donné des cours d'hôtellerie. Elle est devenue gérante d'un restaurant. C'est à cette époque qu'ils se sont séparés. J'avais sept ans. Elle est partie chez une copine à Québec. Je suis resté avec mon père à la campagne. Elle a trouvé un boulot de serveuse en ville.

Je passais tous mes week-ends chez elle, dans son petit appartement. Elle venait me chercher le vendredi soir après l'école dans sa Renault 5 bleue. On roulait ensuite plus d'une demi-heure vers son deux et demie à Sainte-Foy. On mangeait ensemble ou elle me préparait quelque chose. Elle commençait son service à dix-huit heures. Elle essaierait de rentrer tôt, avant minuit. J'avais huit ans. Je regardais la télé. Ma mère avait le câble avec dix-huit chaînes américaines et je pouvais regarder *Hulk* sur WC3 Burlington. C'était une télé en noir et blanc, sans télécommande. Les télécommandes n'existaient pas encore. Pour changer de chaîne on devait se lever et tourner la grosse roulette en plastique avec les chiffres de 1 à 13 et le sigle UHF marqué dessus. Quand on la tournait, ça faisait autant de bruit qu'une Kalachnikov.

Seul dans ce petit appartement, cerné par la ville, j'avais souvent peur, à huit ans. J'étais encerclé par des milliers de personnes, moi qui le reste de la semaine vivais au milieu des bois avec mes chiens, mes chats, mes raquettes et ma carabine à plomb. Ainsi harnaché, je pouvais affronter le monde sans trembler. Mais le vendredi soir, à 23 h 15 quand je regardais *L'île aux trente cercueils* dans le studio de ma mère, j'avais peur. Au moindre bruit derrière la porte, mon cœur s'emballait. Puis je m'endormais sur le canapé. Au matin, ma mère dormait dans sa chambre. J'attendais qu'elle se lève pour prendre mon petit déjeuner. Tout lui serait pardonné. Parce que le samedi matin, elle me faisait des crêpes au sirop d'érable.

LES ÉPREUVES OLYMPIQUES
DE NATATION

Les épreuves olympiques de natation sont les suivantes :

Brasse : 100 et 200 mètres.
Dos : 100 et 200 mètres.
Nage libre : 50, 100, 200, 400 et 1500 mètres.
Papillon : 100 et 200 mètres.
Quatre nages : 200 et 2400 mètres.
Relais nage libre : 4 × 100 et 4 × 200 mètres.
Relais quatre nages : 4 × 100 mètres.

Le 21 août 1972, les centièmes de seconde sont ajoutés aux temps des records de natation.

TERMINÉ POUR CE SOIR

Je suis au Pad Thai Noodle Restaurant, au coin de la
8e Avenue et de la 18e Rue. Je reviens de Ground Zero.
Nous sommes le 11 septembre 2007.

J'ai vu Trinity Church. J'ai vu le Woolworth Building.
J'ai vu St. Paul's Chapel. J'ai marché sur Broadway. J'ai
vu le Stock Exchange. J'ai vu City Hall. J'ai vu des milliers de boutiques ouvertes toute la soirée. J'ai traversé
vingt feux rouges et quatorze feux verts. J'ai vu trois cent
vingt-quatre taxis jaunes. J'ai vu des machines ATM sur
le trottoir. J'ai vu les échafaudages des devantures en
travaux. J'ai vu dans les nuages les faisceaux de la com-
mémoration du 11 septembre. J'ai vu les femmes et les
hommes. Ils marchaient avec des sacs et des poches.
J'ai vu la moiteur d'une journée après la pluie. J'ai vu les
grilles de métro chaudes sur les trottoirs. J'ai vu quelques
bornes d'incendie. J'ai vu les distributeurs de journaux
gratuits éventrés, la porte ballante. J'ai vu les clients
du bar repartir avec leur take-out. J'ai vu une armoire
à glace discuter avec le serveur. J'ai vu deux jolies filles

en robe noire et blanche, l'air anglaises mais américaines. J'ai vu leurs bracelets. J'ai vu son collier de perles.
J'ai vu des couples hétéros. J'ai vu des couples homos.
J'ai vu des visages d'ailleurs mais d'ici. J'ai vu tous les
visages du monde entre la 18e et la 20e, entre la 42e et la
40e, entre la 34e et la 35e, entre Bleecker et Fulton, entre
Wall Street et Trinity.

J'ai vu une fille en chemisier rouge discuter avec un
couple, il est blanc, elle est noire. J'ai vu ses aisselles épi-
lées. J'ai vu une Indienne avec son frère discuter au bout
du banc près de la fenêtre. J'ai vu Banana Republic et Gap.
J'ai vu Equinox et le New York Sports Club. J'ai vu Helio
et Citibank. J'ai vu le New York Sightseeing Tour avec
des touristes sur le toit. J'ai vu une jeune fille aux cheveux blonds longs venir rejoindre l'Indienne et son frère.
Elle porte un t-shirt gris. Elle sourit. Ils sont contents
de se retrouver. Les deux voisines en noir et blanc vien-
nent de finir de tremper leurs bouchées de rouleaux de
printemps dans une sauce légèrement rougeâtre. Elles
boivent à la paille. Je bois ma tequila Patrón Platinum.
J'ai vu un t-shirt polo blanc avec un short Adidas. J'ai vu
des ongles vernis de rouge. J'ai vu des boucles d'oreilles
turquoise. J'ai vu un collier de pierres ambrées. J'ai vu
des bougeoirs allumés sur les tables, la lumière brûlait au
centre d'une urne taillée en pointes comme les pierres de
la façade baroque de l'église Gèsu Nuovo à Naples. J'ai
vu sortir le sympathique trio sous le drapeau arc-en-ciel
de la fierté gay. J'ai vu le même drapeau à Venise hissé
contre la guerre : *Pace !* J'ai vu Wild Diesel Knight 1978 sur

son dos rouge. J'ai vu son faux collier de perles en verre. Elle a les cheveux moitié blonds, elle porte des lunettes noires et elle mange avec des baguettes rouges. J'ai vu sa jambe droite épilée croisée sur sa jambe gauche, sous la table. Je l'ai vue plier son orteil. Je l'ai vue remonter sa ceinture en plastique blanc à mi-taille. Je l'ai vue porter son téléphone portable à l'oreille droite. J'ai vu sa jupe noire quand elle est revenue des toilettes. J'ai vu qu'elle m'avait regardé. J'ai vu que son oreille droite n'était pas belle, trop grande. J'ai vu mon voisin de gauche se lever pour aller aux toilettes. J'ai vu ma voisine de droite fouiller dans son sac. J'ai vu les points blancs sur le chemisier noir de la seconde voisine. J'ai vu la porte des toilettes ouverte et, au fond, un miroir. Je me suis presque vu. J'ai vu le cerne humide de mon verre de tequila sur la table ovale en bois. J'ai vu leur plat de pad thaï arriver. Je l'ai vue écraser le citron vert au-dessus de l'assiette. Je l'ai vue passer sa main droite derrière sa tête dans ses cheveux. Je l'ai vue parler. J'ai vu l'homme en face aller payer. J'ai vu le serveur oublier quelque chose, retourner, et revenir avec l'addition coincée dans une pochette en faux cuir marron. J'ai vu le logo MasterCard. Je l'ai vue boire à la paille en levant les yeux au plafond en guise d'approbation. J'ai vu le serveur lancer une serviette dans la cuisine. Je l'ai vu revenir des toilettes. Je l'ai vu essayer de décoller un bout de papier cul collé sous sa chaussure.

J'ai vu le panneau No Parking 7 AM – 10 AM, MON – FRI trembler au passage du métro et d'un camion. J'ai vu un couple, la mère avec un bébé dans les bras. J'ai vu qu'il était 22 h 25. J'ai vu qu'ils partaient. J'ai vu qu'il n'y avait plus que cinq couples et moi. J'ai commencé à voir le fond de mon verre de tequila. J'ai vu le cuistot revenir après avoir jeté un œil à la ville sur le trottoir. J'ai vu un vieux en t-shirt rose utiliser son parapluie de golf rouge en guise de canne. J'ai vu que les glaçons dans mon verre d'eau avaient complètement fondu. J'ai vu des bulles de condensation. J'ai vu le chiffre 19 en caractères noirs dans le dos de son t-shirt. J'ai vu le patron derrière la caisse. J'ai vu le plongeur avec une casquette des Yankees à l'envers. En l'espace de dix secondes, j'ai vu défiler neuf taxis, un bus et un Hummer. J'ai vu que l'éclairage diminuait. J'ai vu encore un couple se préparer à partir. J'ai vu deux filles sur le trottoir. J'ai vu qu'elles avaient presque terminé leur pad thaï. J'ai vu le serveur retirer les bougeoirs du milieu des tables en bois ovales. J'ai vu la fille en gris sortir ses billets verts mais ça aurait pu être l'inverse. Je l'ai vue replier sa serviette depuis ses genoux et la reposer sur la table. Une main dans des cheveux. J'ai vu un taxi s'arrêter. Je l'ai vu téléphoner. J'ai vu le serveur me dire : « The check ? » J'ai vu les luminaires entortillés au-dessus du bar avec des pendentifs argentés. J'ai vu deux immenses feuilles de palmier dans un vase posé au bout du bar. J'ai vu le serveur repartir avec mon AMEX. J'ai vu un Noir avec son iPod dans les oreilles. J'ai vu un Blanc avec une poche Duan Reade. J'ai vu qu'il fallait que je parte, que c'était fini, que c'était terminé pour ce soir.

61

BOURRAGE PAPIER

Le photocopieur couleur
gris crème sale
clignote : bourrage papier.

MORCEAUX

Le 14 février 2009 à six heures du matin, Gabriel Rivages monte dans sa voiture. Il emprunte la bretelle d'accès et se lance sur l'autoroute. Il va de plus en plus vite. Arrivé sous un pont à quatorze kilomètres de sa résidence, il braque le volant et projette son véhicule à une vitesse de 178 km/h sur le pilier central du viaduc. Les unités de secours mettront plusieurs heures à rassembler tous les morceaux.

63

BIENVENUE À WINDOWS

Designed for Microsoft

Copyright© Microsoft Corporation

Bienvenue à Windows

Appuyez sur Ctrl-Alt-Suppr pour démarrer

L'utilisation de cette combinaison de touches au démarrage permet de sécuriser votre ordinateur. Pour obtenir plus d'informations, cliquez sur Aide.

Utilisateur : rivages

Mot de passe : 9%tarZan!

LE TROTTOIR DE LA GLOIRE

On est arrivés à Venice Beach vers midi, sous la pluie. On a posé nos valises à l'hôtel puis on a marché jusqu'à la plage. On a trouvé un resto : The Whaler (le Baleinier). J'ai mangé un Moby Dick Burger, et mes deux collègues des fruits de mer panés. La pluie s'est arrêtée. La tête des palmiers pliait sous le vent comme des crêtes de punk en transe. À voir ces arbres si fins, si hauts, pliés dans la tempête, j'ai pensé qu'ils devaient plonger leurs racines très profondément. Faudra que j'aille vérifier sur Wikipédia.

C'est d'ailleurs là que mon voyage a vraiment commencé : http://www.wikipedia.org.fr.request_los_angeles. htm.

Los Angeles, capitale du showbiz, deuxième plus grande ville des États-Unis après New York. Une agglomération de dix-sept millions d'habitants. L'histoire de la Cité des Anges débute en 1850 après son annexion aux États-Unis d'Amérique à la suite de la guerre contre le Mexique.

La ruée vers l'or contribua à son essor, mais c'est le cinéma qui fera d'elle ce qu'elle est aujourd'hui : la capitale du septième art, la patrie de l'industrie cinématographique. Il y fait toujours un temps splendide, la lumière est idéale, les décors y sont multiples, des prairies verdoyantes aux déserts rougeoyants. L'industrie de l'aviation viendra également s'y installer parce que les conditions météo exceptionnelles de la région permettent des vols d'essais tous les jours de l'année.

On a atterri à l'aéroport de Los Angeles à 14 h 03. Le douanier a été mon premier contact humain californien. J'ai mis mon index gauche sur le lecteur d'empreintes digitales, j'ai gardé un air sérieux, sans reproches, devant la webcam qui me prenait en photo. Il m'a demandé où j'allais, combien de temps je restais, les raisons de ma visite ? Qu'est-ce que ma compagnie fabriquait exactement ? Possédait-elle des usines en Chine ? Si c'était le cas, il fallait que je sache que lui il n'achèterait pas nos produits. Les Chinois ne connaissent rien à la qualité. En guise d'au revoir, il m'a dit : « Good luck ! »

Ma valise est rapidement tombée sur le tapis ainsi que celles de mes collègues. Une fois dehors, nous avons suivi les panneaux Car Rental jusqu'aux navettes des compagnies de location de voitures.

Le bus nous a déposés dans le parking de Hertz et nous nous sommes dirigés vers le bureau d'accueil. Dans l'entrée, un jeune homme d'une vingtaine d'années, le sosie de Kurt Cobain, était coiffé d'un chapeau en ballons. À sa ceinture pendaient une pompe à vélo et des dizaines de condoms filiformes. Il offrait des sculptures en ballons aux enfants. Mais comme il n'y a pas beaucoup d'enfants qui louent des voitures à l'aéroport de Los Angeles il s'ennuyait ferme. C'est un détail auquel le gérant de l'établissement aurait dû penser, me suis-je dit. Bref, Kurt a fini par faire un bracelet en ballons en forme de fleur à ma collègue et elle se l'est passé au poignet. Pendant ce temps, mon autre collègue demandait à un comptoir de la monnaie sur vingt dollars pour s'acheter un Coke Diète dans un des innombrables distributeurs dressés dans le hall d'accueil. Il n'y avait pas beaucoup de monde chez Hertz, mais il y avait au moins une douzaine de ces machines où l'on pouvait s'acheter des jus énergétiques, des boissons gazeuses, des chips, du chocolat, des bonbons, du chewing-gum, du café, du thé, des noix, des bonbons chocolatés ou vitaminés, ou aux fruits secs, des SlimWeight, des Crispy, des 20 % More, des Spider-Man.

Welcome

Tapez

Zéro

Votre nom

Dièse

Cinq

Six

N'est pas disponible

Nous n'avons pas compris votre réponse

Vous pouvez revenir au menu à tout moment en appuyant sur le zéro

Trois

Deux

Merci

Calculating route

On a démarré, un œil sur la chaussée, l'autre sur la petite flèche rouge du GPS. On est montés à 130 km/h sur l'Interstate 10, direction Country Drive Road, Palm Desert, Californie, USA.

Les cent quatre-vingts kilomètres qui séparent Los Angeles de Palm Springs sont d'une absolue monotonie. À l'exception d'un ou deux décors de western et la traversée des mythiques champs d'éoliennes maintes fois immortalisés dans les grands classiques de Hollywood, il n'y a rien. On ne voit que des poteaux électriques, des bretelles d'autoroutes, des voitures, des camions, des panneaux de pub de dix mètres de haut par quarante mètres de large : VERIZON, BURGERS, HOME APPLIANCE, MILLER, FRIDAY 9:00 PM, REAL ESTATE, CASINO...

Je croyais que l'hôtel, vu sa taille sur le site Internet, se détacherait dans la nuit. Mais que couic, c'était juste une immense allée bordée de palmiers, comme dans un rêve américain. Les sous-bois éclairés, un hall majestueux de pierre et de verre, des valets parking, des valets en marron, des valets en blanc, avec ou sans casquettes, et Good evening, sir, et Good evening, Madam, et May I take care of your suitcase ?

Après le congrès, je me suis payé une visite touristique en autobus avec guide au micro. Il nous a fait voir Venice Beach, Mulholland Drive, la maison de Bob Hope, l'hôtel California des Eagles, Beverly Hills, Rodeo Drive. À midi nous sommes descendus devant le théâtre Kodak de la cérémonie des Oscars. Nous avions une heure de liberté sur le Walk of Fame. J'ai marché un moment. Quand je suis arrivé devant le 6541, j'avais atteint mon but. Je ne m'étais pas tapé douze heures d'avion et deux jours de réunion de motivation à l'américaine pour rien. J'y étais. J'étais devant le 6541, Hollywood Boulevard. J'avais sous les pieds, sur le Walk of Fame, l'étoile de Johnny Weissmuller.

65

AU JEU

Au jeu
des débris
qui tombent

je gagne
haut la main
et jette l'éponge

66

ALLER SIMPLE

On a pris rendez-vous pour le mardi midi. Je suis passé la chercher à son appartement rue Champlain. Nous sommes allés prendre un verre en terrasse sur Cartier. C'était une belle journée ensoleillée de la fin du mois d'août sur la ville de Québec. Je lui ai raconté que j'étais en amour, que tout le reste passait au second plan : l'université, le doctorat, la carrière, la famille, les amis. Je prenais l'avion dans deux jours. J'allais la rejoindre en France. Mon billet était un aller simple. On s'est dit adieu sans pleurer. On savait que c'était la fin. On savait aussi que c'était mieux ainsi pour tout le monde. Ça lui faisait mal, mais elle a compris. Elle m'a dit : « Bonne chance, mon fils. »

67

GAAAAAARRRRRRYYYYYY

« Gary ! Gaaaaaarrrrrryyyyyy... Gary ! »

Lupe Vélez, avant d'épouser John Weissmuller, était la compagne de Gary Cooper. Après les crises, les bagarres, les coups de griffes et les bouteilles éclatées sur les murs, Cooper en eut assez, et la belle Mexicaine se retrouva dans les bras de Tarzan.

Une fois les noces consommées, le nouveau couple le plus en vogue à Hollywood se fait construire une superbe villa. Quand ils s'y installent, Lupe ne conserve rien de son ancienne vie, sauf une chose, un ultime souvenir de Gary auquel elle tient plus que tout, Jacky le perroquet.

Et Jacky, ayant vécu plusieurs mois au milieu des bagarres entre Vélez et Cooper, a parfaitement appris à dire : « Gary ! Gaaaaaarrrrrryyyyyy... Gary ! » Et il le répète à l'envi, surtout quand il voit un homme de grande taille s'approcher. Ce qui fait que, tous les soirs, quand Weissmuller rentre d'un tournage, rentre d'une soirée, rentre d'un gala nautique, il est accueilli par ce très cher Jacky qui crie : « Gary ! Gaaaaaarrrrrryyyyyy... »

Petit à petit, Johnny commence à craquer. Il est marié à The Mexican Spitfire depuis seulement un an et les bagarres sont quotidiennes. Combien de fois Lupe lui dit qu'avec Gary ce n'était pas comme ça, et Gary il était comme ci, et lui c'est un vrai acteur au moins, et lui et lui et lui et lui et Jacky qui crie « Gary ! Gaaaaaarrrrrryyyyyy... Gary ! »

Weissmuller n'aurait pas fait de mal à une mouche. Il adorait les animaux. Il passait d'ailleurs la majeure partie de son temps parmi eux. Entre les éléphants, les crocodiles, les lions et Cheeta, les tournages de Tarzan ressemblaient davantage à une ménagerie de cirque qu'à un plateau de cinéma. À la maison, Johnny possédait depuis des années un superbe labrador, que bien sûr Lupe ne tolérait pas. Même qu'un soir, en rentrant d'un tournage, Samy ne vint pas se frotter à ses jambes en tortillant de la queue. Johnny comprit tout de suite que Lupe avait commis l'irréparable. C'est ce moment que Jacky choisit pour lancer une fois de plus son ardent « Gary ! Gaaaaaarrrrrryyyyyy... Gary ! »

Quand Lupe rentra de son dîner en ville, Jacky n'était plus qu'un tas de plumes sur la moquette du salon. Le divorce entre Lupe Vélez et Johnny Weissmuller fut prononcé le 13 décembre 1939.

68

THÉÂTRE ÉLECTRIQUE

Le Tally's Electric Theater est le premier cinéma de tous les temps. Il a ouvert ses portes en 1902 à Los Angeles. L'année où Zola meurt asphyxié par un stupide feu de cheminée (était-ce vraiment un accident?), le premier cinéma du monde reçoit ses premiers spectateurs. Peter Weissmuller est soldat dans l'armée de François-Joseph Ier, empereur d'Autriche.

Pour la première représentation, les places sont à cinq cents. Pour ce prix-là, vous avez le droit de regarder la vie projetée sur une toile blanche dans une salle noire. C'est comme au théâtre, mais en plus plat. Par contre, si vous voulez, vous pouvez payer trente cents, et là, vous avez droit au traitement royal. Au lieu de vous faire asseoir dans la salle, on vous installe derrière l'écran. Il y a des petits trous qui permettent de regarder ceux qui regardent. Ce sont les « peep holes ». Dès les premiers jours du cinéma, le voyeurisme est à l'œuvre, au plus profond du dispositif technique de ce nouveau média. Pour trente cents au lieu de cinq, vous avez la possibilité de voir sans être vu. Vous allez scruter tous ces visages éclairés par le reflet de la lumière sur la toile, voir leur sourire et leurs pleurs sans qu'ils réalisent que des yeux les scrutent derrière le rideau onirique. Le théâtre électrique aura d'abord été une représentation inversée, un spectacle en abyme.

69

AU LIT

Du riz
au lait
au lit

un peu
pour toi
au lit

on lit
on rit
au lit

70

DERNIER PLONGEON

Gabriel Rivages est né le jour où le Front de libération du Québec a fait sauter la Bourse de Montréal. C'était le 13 février 1969. Jean-Jacques Bertrand de l'Union nationale était premier ministre du Québec. Pierre Elliott Trudeau du Parti libéral était premier ministre du Canada.

Ce jour-là, il n'y eut pas que les bombes du FLQ pour tout faire sauter. Au milieu des doux flocons de février qui tombaient sur Québec, une femme se jeta du cinquième étage d'un hôpital. Elle allait accoucher. Elle souffrait depuis dix-huit heures. Elle ne voulait pas cet enfant. C'était allé plus loin qu'elle ne le voulait. Elle avait eu le malheur de tomber enceinte. Elle travaillait au milieu d'un parc national, dans le seul restaurant à des centaines de kilomètres à la ronde. Quand elle rentre chez elle quelques jours à l'été 1968, elle vomit encore. Elle ne sait que faire.

Il neige sur Québec. Elle regarde les flocons disparaître vers le sol. La neige tombe. Et à force de regarder la neige tomber, elle s'est mise à se sentir légère elle aussi. Sa vie qu'elle portait deux fois plutôt qu'une depuis neuf mois elle n'en pouvait plus, elle n'en voulait plus. Alors à force de regarder la neige, elle s'est mise à rêver d'une existence douce et feutrée. Elle voyait son enfance sans les violences du père sur la mère, sans les sourires narquois des autres, sans les crises de rage suivies des semaines de silence, simplement pour punir, pour faire mal, pour blesser. Elle oubliait les désirs étouffés, les envies de tant d'autres vies. Elle voyait simplement la neige, et la douleur à venir. Le prochain choc, le prochain coup. Car cet enfant la punissait, lui faisait mal. Il se vengeait pour la dernière fois. C'est là ici et maintenant qu'il pouvait la faire payer pour lui avoir dit pendant neuf mois : je ne veux pas d'enfant.

Alors elle s'est levée de son lit. Elle a arraché le bracelet à son poignet. Elle a déchiré sa chemise d'hôpital. Elle a reculé jusqu'au fond de la pièce puis elle s'est élancée. Elle a couru puis elle s'est jetée dans la vitre en se retournant. Son dos a fait éclater la baie vitrée en milliers de morceaux. Et là, dans sa chute renversée, elle a regardé une dernière fois la neige tomber.

71

FAUX TEXTE

Lorem ipsum dolor sit amet, consectetuer adipiscing elit. Sed non libero eu purus porttitor tincidunt. Vivamus quis ipsum. Sed nec eros a nisl feugiat vestibulum. Mauris vestibulum, velit a posuere laoreet, tortor tortor molestie mi, tempus elementum turpis quam nec metus. Aliquam metus. Fusce turpis tortor, feugiat sed, pellentesque a, rutrum id, turpis. Aenean at lacus. Morbi augue libero, volutpat aliquet, posuere nec, vulputate consequat, augue. Sed a dolor. Ut dignissim. Pellentesque sapien. Quisque ut mi sit amet libero tempor adipiscing. Curabitur bibendum. Aliquam erat volutpat. Aliquam eget mauris a diam congue venenatis. Aliquam a arcu ut quam mollis bibendum. Fusce sed tortor ornare velit sollicitudin accumsan.

« Il n'existe personne qui aime la souffrance pour elle-même, ni qui la recherche, ni qui la veuille pour ce qu'elle est. »

— Cicéron

JACKPOT

En 1973, au plus bas, Johnny trouve un job de placier au Caesars Palace de Las Vegas grâce à son gendre. Il accueille des gens riches venus manger dans un restaurant chic de la ville des États-Unis considérée comme le plus grand bordel à ciel ouvert au monde. La ville de l'argent, du sexe, de l'excès, mais Johnny n'a plus l'âge. On sait qu'il se fracture une hanche et que c'est là que se situe le début de la fin. Comme on dit là-bas, « What happens in Vegas stays in Vegas. »

Ce qui frappe le plus, pour moi, quand on arrive en avion à Las Vegas, c'est les machines à sous. Vous descendez de l'avion, vous n'avez pas encore passé les douanes que devant vous cent cinquante machines à sous vous sourient. Bienvenue à Las Vegas, Nevada.

DÉTROIT

Des trois, je préfère le dernier :
dessins,
des saints,
des seins.

PREMIER

Si vous voulez qu'on se souvienne de vous, il faut que vous soyez le premier. C'est la base. Le meilleur moyen d'être le premier, c'est d'être le premier dans une certaine catégorie. Le meilleur moyen d'être le premier dans une certaine catégorie, c'est d'inventer la catégorie. Quand vous êtes le premier dans une catégorie, les gens croient en vous. Ils se disent que, si vous êtes le premier, vous devez être le meilleur. CQFD.

Kleenex, Frigidaire, Ski-Doo, Q-tips ou Rolex sont de parfaits exemples de cette équation. Ils ont dédié leur nom à une seule catégorie, dans l'ordre : les mouchoirs en papier, les réfrigérateurs, les motoneiges, les cotons-tiges et les montres de luxe. McDonald's est devenu un empire du fast-food en se consacrant exclusivement aux hamburgers, du moins au début. Ils ont créé la catégorie « restaurant rapide où on ne sert que des hamburgers ».

Le jour où Johnny Weissmuller a nagé le cent mètres en moins d'une minute, non seulement a-t-il battu un record, mais il a créé une nouvelle catégorie. Pendant les mois et les années qui ont suivi, la minute est devenue le chiffre magique à dépasser dans sa discipline. Le but de tous les nageurs professionnels a alors été d'entrer dans la catégorie du cent mètres nage libre en moins d'une minute.

Quand Weissmuller a signé avec la MGM, il n'était pas le premier à porter le personnage de Burroughs à l'écran. C'est Elmo Lincoln le premier Tarzan en 1918. Mais on a trouvé une autre catégorie pour Weissmuller, il est le premier Tarzan du cinéma parlant. Il fait entendre pour la première fois le terrible cri de l'homme singe venu des profondeurs de la jungle. C'est par ce cri qu'il est devenu, pour des millions de spectateurs, le premier Tarzan.

Lindbergh est le premier homme à avoir traversé l'Atlantique en avion. En mai 1927, il relie New York et Paris en trente-trois heures à bord du Spirit of St. Louis. Quel est le nom du deuxième homme à avoir traversé l'Atlantique en avion ? Le 19 juillet 1969, Neil Armstrong est le premier homme à marcher sur la lune. Comment s'appelait le deuxième ?

Le deuxième athlète après Weissmuller à avoir nagé le cent mètres en moins d'une minute est lui aussi tombé dans l'oubli.

75

L'OLYMPE

Une fusillade, les flics, les gardes mobiles, l'armée, la police, les tanks, les chiens, les masques à gaz, les gaz lacrymogènes, la foule qui court, qui crie, des coups de feu, des gens qui se retournent, des coups de bâton, des bousculades, des chutes, des cris et des ordres, des visières qui tombent, des blousons déchirés, une fille qui s'agrippe à une jambe, un coup de poing, une caméra, la rue, des voitures en feu et une pub de yaourt au miel Le péché des dieux.

SAN FRANCISCO, 1931

En 1931 à San Francisco, j'étais à l'hôtel Springsteen, chambre 23. C'était l'été, un samedi soir, et il faisait très très chaud. Alors je suis descendu prendre une bière dans un bar à côté. Il devait être autour de onze heures. J'ai rencontré Jack et nous avons pris un verre ensemble tout en nous roulant des cigarettes. Il m'a raconté que son frère venait de perdre son boulot à l'usine ; il m'a avoué que sa femme le trompait peut-être et il m'a parlé d'un travail chez Goldsmith & Son qu'il croyait bien pouvoir décrocher. C'était un joyeux drille, ce Jack, même que je ne l'ai jamais vu perdre le moral. Son humeur et la bière, ça m'a bien rafraîchi. Je suis sorti du bar vers minuit. Je marchais un peu sur Stockton Street avant de remonter dans ma chambre d'hôtel. C'est à ce moment que j'ai entendu deux coups de feu.

San Francisco, la nuit, un samedi soir en 1931, ce n'était pas trop étonnant. Mais ça m'a quand même surpris. J'ai raconté ça à Dashiell le lendemain. Ce qui m'a encore plus surpris, c'est quand j'ai vu Bogart jouer Sam Spade dans *Le faucon maltais.*

« Il m'était impossible de laisser le silence se faire sur sa tombe sans avoir dit cela. »

— Aragon

LE PANTHÉON INTERNATIONAL
DE LA NATATION

Au début des années soixante, la ville de Fort Lauderdale en Floride décide d'investir dans un complexe nautique pour attirer les touristes. Sous couvert de reconnaissance des champions américains de la natation, quelques bourgeois bien en chair réussissent à extirper un maximum de fric aux pouvoirs publics pour créer le Panthéon international de la natation. En fait, les Américains adorent les musées de sports.

Aujourd'hui, le Panthéon définit son mandat en ces termes :

« Promouvoir les bienfaits et l'importance de la natation comme élément clé d'une bonne forme physique, d'une bonne santé, d'une bonne qualité de vie et de la sécurité aquatique des enfants. »

Pour atteindre son but, le Panthéon met en œuvre les moyens suivants :

« Nous accomplissons notre mission par l'intermédiaire du complexe du Panthéon international de la natation, un lieu dynamique dédié à l'histoire, à la mémoire et à la reconnaissance des plus célèbres nageurs, plongeurs, joueurs de water-polo, athlètes de nage synchronisée et de toute personne participant à des activités de sauvetage nautique et d'éducation à travers le monde, dont la vie et les accomplissements peuvent servir à inspirer, à éduquer et à servir de modèle à tous ceux qui participent au Panthéon et à ses programmes éducatifs. »

En 1965, pour l'inauguration du musée, les organisateurs arrivent à convaincre Johnny Weissmuller de leur faire don de ses plus beaux trophées et de ses plus belles récompenses. Surtout, Johnny leur lègue ses médailles de champion olympique. Voilà toutes les marques de sa gloire réunies sous un même toit. Pour lui, ça ne change pas grand-chose, que ses médailles soient en Floride ou dans sa salle à manger, tout ça, c'est de l'histoire ancienne. S'il entre au Panthéon, tant mieux, il est bien loin de tout ça maintenant.

Pendant la seconde guerre séminole, entre 1835 et 1840, l'armée américaine fait construire une série de forts près de la New River. L'officier chargé du détachement qui érigea le premier d'entre eux s'appelait William Lauderdale. C'est de lui que la Venise de l'Amérique tient son nom.

Les années passent. Et le monde change. Un soir Bob passe un coup de fil à Dick en lui disant qu'il revient d'une visite avec son fils au Panthéon de la natation. Il y a là toutes les médailles de Johnny Weissmuller du temps qu'il était champion olympique. Et toutes ces médailles en or, ça doit valoir pas mal de fric. Et en plus, il n'y a même pas de gardiens dans les parages. Si tu vois ce que je veux dire. Dick répond qu'il voit très bien ce que Bob veut dire, que ça semble un super plan, une idée en or.

Le commando s'organise. Bob et Dick font quelques visites au Panthéon. Ils prennent en note les horaires d'ouverture. Ils font des croquis des entrées et des sorties. Pour ce qui est du système d'alarme, que du classique, ça va être un jeu d'enfant. Le fait est que, effectivement, c'est un jeu d'enfant.

Ils entrent dans le Panthéon comme dans une église un vendredi soir à minuit. Personne à l'horizon. Ils ont déjoué l'alarme. Ils ont tout leur temps et ils le prennent. Ils embarquent toutes les médailles et les petits trophées, les plus gros ne passent pas par la fenêtre du sous-sol.

Quelques jours plus tard se pose pour Bob et Dick l'épineuse question de savoir comment ils vont changer l'or en billets. Voilà quelque chose à quoi ils n'avaient pas vraiment réfléchi. D'accord, ils sont euphoriques, ils ont en leur possession la médaille d'or que le président de la France a passée au cou de Weissmuller en 1924, ils ont en leur possession la médaille d'or que la reine des Pays-Bas a passée au cou de Weissmuller en 1928. Mais bon, ça ne met pas beaucoup de beurre dans les épinards. Il n'y a pas un seul vendeur de voiture qui va leur échanger une Ford Mustang contre une médaille d'or des Jeux olympiques d'Amsterdam. Quand bien même elle aurait appartenu au grand Tarzan.

C'est là que Dick a une super idée : eBay! Ils vont mettre les médailles en vente sur eBay et on verra bien ce qu'on va en tirer. Voilà justement qu'un collectionneur averti se prend au jeu. Il achète une médaille, puis une deuxième, etc. Il expertise le tout et continue ses achats. Quand il reçoit chez lui un trophée original de l'Amateur Athletic Union, il se dit que, quand même, il y a quelque chose de louche là-dessous. Comme il est un bon citoyen américain, le collectionneur téléphone à la police. Quelques jours plus tard, cet article tombe sur les fils de presse :

ON A VOLÉ LES MÉDAILLES
DE TARZAN

Début décembre 2004, une grande partie des trophées de Johnny Weissmuller ont été volés au Panthéon international de la natation en Floride. Les médailles et trophées légués au musée par Weissmuller au moment de son ouverture en 1965 sont estimés à cinq cent mille dollars. Les voleurs ont écoulé leur butin sur eBay, et c'est un collectionneur, M. Erlinger, qui, après avoir acheté plusieurs médailles à un certain Logan, a compris qu'il y avait anguille sous roche. Il a contacté le musée, et aujourd'hui, grâce au travail de la police, la mémoire de Johnny « Tarzan » Weissmuller est de retour au Panthéon, à l'exception de quelques coupes en argent.

78

BOUCHONS DE LIÈGE

En 1924, aux Jeux olympiques de Paris, on utilise pour la première fois des câbles soutenus par des bouées en liège pour délimiter les couloirs des nageurs. C'est également à l'occasion de ces olympiades qu'est lancée pour la première fois la devise des Jeux : « Plus vite, plus haut, plus fort. »

Au stade de Colombes, devant des milliers de spectateurs, Johnny Weissmuller, l'Américain né en Hongrie, remporte la médaille d'or au cent mètres nage libre. Mais ce n'est pas tout, il remporte également la médaille d'or au quatre cents mètres nage libre et au relais quatre fois deux cents mètres. En water-polo, il se contente d'une médaille de bronze.

Il devient ainsi le premier athlète à remporter autant de médailles aux Jeux olympiques, quatre-vingt-quatre ans avant les exploits de Michael Phelps.

79

LE *PERSÉE* DE CELLINI

Le *Persée* de Cellini, ça vous dit quelque chose, à vous ? Moi, la première fois que je l'ai rencontré, je me trouvais sur un baleinier en plein océan Indien. C'était un peu avant 1850. J'étais parti de Boston, alors au faîte de sa gloire : capitale intellectuelle de l'Amérique – puritaine. Ça a bien changé, Boston. La dernière fois que j'y suis passé, avant d'aller à Lowell voir la tombe de Kerouac, sur la rue principale, ou plutôt la Main, il ne restait plus que le squelette du vieux cinéma Royal sur l'écran duquel avaient pourtant défilé Bogart et Bacall, Marilyn et Clark, Weissmuller et O'Sullivan.

Tout ça pour dire que Cellini, c'était un super sculpteur italien du seizième siècle, et que son *Persée* est une œuvre grandiose faisant intervenir une grâce quasi féminine dans l'héritage d'équilibre de Donatello et de Michel-Ange, qui offre une multitude de points de vue, sur autant de combinaisons de lignes fortes.

Pour ce qui est de Persée lui-même, je me doutais bien que ça devait être un jeune Grec en marbre, beau, grand et fort. J'ignorais cependant qu'il était le fils de Zeus et de Danaé. Faut dire que nous n'avons jamais été très proches eux et moi.

À l'entrée « Celsius » d'un vieux dico, il y a une photo couleur. C'est vrai que c'est bien comme sculpture, le *Persée* de Cellini. Mattel, ils l'ont presque copié pour la poupée Barbie. Mais c'est pas une tête de Barbie qu'il tient au bout de son bras, Persée, non, c'est la tête de la Méduse. Ok, il portait un casque qui le rendait invisible, gracieuseté de Hadès, et aussi des sandales ailées. Fallait quand même le faire.

Si je parle du *Persée* de Cellini aujourd'hui, c'est que je l'ai retrouvé cinquante ans plus tard, chez Oscar Wilde, cet après-midi. Et j'ai eu l'impression de croiser un vieux pote à moi.

80

JUNIOR

Johnny Weissmuller Junior, le fils du célèbre acteur et champion olympique, est décédé hier à l'âge de soixante-cinq ans d'un cancer du foie. Sans doute plus connu pour avoir été le fils de Tarzan que pour avoir été docker dans le port de San Francisco, M. Weissmuller a tout de même eu une vie bien remplie.

Il est né à San Francisco en 1940, quand son père s'y installa avec sa jeune épouse Beryl Scott. L'homme-dauphin venait de signer un important contrat avec Billy Rose, pour un spectacle aquatique durant l'exposition internationale du Golden Gate, célébrant le pont du même nom. Pendant plusieurs semaines, Johnny Weissmuller nagerait devant les milliers de badauds venus fouler le terrain de l'île artificielle construite pour l'occasion.

Junior s'engagea dans la marine après des études à la University of Southern California, où il fit partie de l'équipe de natation. On imagine facilement la pression. Dans l'armée, il devint plongeur-soudeur. Son service terminé, il décrocha quelques seconds rôles dans des séries télé, des pièces de théâtre amateur. C'est sans doute à cette époque, constatant que sa carrière ne décollait pas, qu'il décida d'arrêter de marcher dans l'ombre de son père. Non, la gloire paternelle n'était plus, la grande histoire des Weissmuller avait atteint des sommets avec un seul fils de la lignée. Maintenant, il fallait savoir passer la main, oublier, passer à autre chose. C'est ce qu'il fit en s'engageant comme docker. Le salaire et les avantages étaient bons, et l'époque des docks à la Marlon Brando telle que relatée dans *Sur les quais* était révolue.

Johnny Weissmuller Junior passa une bonne partie de la fin de sa vie à essayer de comprendre. Ce n'est déjà pas facile de s'appeler Junior, de porter le même nom que son père, alors imaginez quand celui-ci est un dieu, une légende vivante. Sans parler que la légende finit déboulonnée. Il s'attela donc à une lourde tâche : écrire la biographie de son propre père. Aujourd'hui, grâce au fils, nous avons le témoignage le plus vrai et le plus complet sur celui qui incarna l'homme singe avec le plus de sublime. Le livre de Junior a été publié en 2002 par ECW Press à Toronto et a pour titre *Tarzan, My Father*.

81

TROIS CORPS

Weissmuller est né trois fois. D'abord le 2 juin 1904 en Hongrie. Il s'appelait János. Puis le 26 janvier 1905, à son arrivée à Ellis Island, où on lui donna le nom de Johnny. Enfin, vingt ans plus tard, on trafiqua les archives de Windber pour qu'il remplace son frère dans les registres de la ville. Il devint Peter Johnny, né en Pennsylvanie.

Pour rendre compte de la trajectoire de la Terre autour du Soleil, Newton doit ignorer la présence de la Lune. La grande loi de Newton ne fonctionne qu'avec deux corps : deux corps ponctuels de masse $M1$ et $M2$ s'attirent avec une force proportionnelle à chacune des masses et inversement proportionnelle au carré de la distance qui les sépare.

Cette loi explique le mouvement des planètes par rapport au Soleil, mais seulement si on les considère de manière indépendante. Newton essaya pourtant de trouver une solution qui prendrait en compte l'ensemble du système, en commençant avec trois corps. Mais, devant l'ampleur de la tâche, il renonça. Il n'avait pas de moyens de calcul assez puissants pour trouver la solution. Isaac décida de laisser ce problème aux générations futures.

Deux siècles plus tard, Henri Poincaré s'y colle et démontre qu'il n'y a pas de solution. La résolution du problème des trois corps porte à conclure à l'indécision fondamentale du monde réel. Il est impossible de calculer la position de trois corps au temps $T+1$, en connaissant leur position au temps T. Alors imaginez l'impossibilité dans laquelle nous sommes de prévoir la disposition de l'Univers dans quelques milliers d'années ! C'est une très bonne chose, car, comme l'a dit Albert Jacquard : « Cela suffit à libérer l'Avenir de l'enfermement des conséquences du Présent. »

82

BHOPAL

J'ai rêvé que j'étais à l'église. C'était l'heure de la messe et ma tante Adrienne me racontait qu'elle avait habité vingt ans en Inde. Elle avait eu une autre fille, Solange, morte à dix-neuf ans. Elle me racontait ça comme si de rien n'était, en me demandant si j'étais au courant.

Ma tante Adrienne, elle a habité chez ses parents jusqu'à son mariage avec mon oncle Adrien. Ils vivent sur leur ferme depuis bientôt soixante ans. Ils élèvent des vaches et vendent du lait. Ils vont à la messe tous les dimanches, depuis plus de soixante ans. Ils ont eu trois garçons. Le plus jeune est mécanicien. Les deux autres travaillent sur l'exploitation familiale.

Je n'ai pas le souvenir de mon oncle et ma tante partant en vacances. Je n'ai pas le souvenir de les voir jouer avec leurs enfants. Ils travaillaient, du matin au soir. Se lever à cinq heures tous les matins, traire les vaches à six heures. Tout nettoyer, ranger, déjeuner et nourrir les bêtes. Préparer le foin et nettoyer l'étable. Réparer le tracteur. Préparer et prendre le repas du midi. Faire le lavage. Manger. Couper du bois. Aller au village. Traire les vaches à nouveau en fin d'après-midi. Nettoyer. Ranger. Aller souper. Revenir à l'étable pour les détails, faire ce qui était urgent mais qu'on n'a quand même pas eu le temps de faire parce que ça va trop vite, c'est trop de travail, faudrait avoir plus de temps, ça passe trop vite, on sera déjà à Noël dans un mois, c'est déjà la Saint-Jean la semaine prochaine, ça va être le temps des premières gelées d'ici quelques jours. D'après ce que j'en sais, ils m'ont toujours semblé heureux.

Dans mon rêve, ma tante Adrienne meurt dans la catastrophe de Bhopal du 3 décembre 1984. Comme trente-cinq mille autres personnes, elle périt asphyxiée par quarante tonnes d'isocyanate de méthyle qui s'envolent dans l'air depuis l'usine d'Union Carbide.

83

DERNIÈRE MINUTE

Heidi, la fille de Johnny Weissmuller et de Beryl Scott, se tua dans un accident de voiture à l'âge de dix-neuf ans. Des années plus tard, Johnny Junior baptisa sa fille Heidi en l'honneur de sa sœur disparue trop tôt.

Pour les soixante-quinze ans de Cheeta, la maison de retraite des animaux du cinéma à Hollywood a offert au chimpanzé un magnifique gâteau fabriqué par Design Cake sur Coconut Avenue à Beverly Hills.

Le cri de Tarzan a été déposé en tant que marque de commerce par la société Edgar Rice Burroughs. Selon certaines sources, le fameux cri serait le résultat d'un savant mixage audio entre un grognement de chien, un trille tenu par un soprano, une corde de violon pincée et le cri d'une hyène joué à l'envers. Une autre source parle plus simplement d'un yodel joué très rapidement à l'envers. Il paraît aussi que Weissmuller aurait dit qu'il s'agissait d'un cri de sa propre invention, basé sur un cri de sa jeunesse quand il vendait des légumes. En 1970, invité au Mike Douglas Show, Johnny explique que son

fameux cri a été créé à partir de trois sources sonores :
un soprano, un alto et le cri d'un appeleur de cochons.

Dans la mythique scène du premier *Tarzan*, où la
Belle fait connaissance avec la Bête, Weissmuller n'a
jamais dit : « Moi Tarzan, toi Jane. » Il a simplement dit :
« Tarzan, Jane. » Le brave Johnny racontant la méprise à
ce sujet à son pote Bogart se fit répondre : « Tu t'en fous.
Ce qui compte, c'est ce que le public y croie. Tu sais, moi
je n'ai jamais dit : "Joue-le encore, Sam." »

Mark Goodman a dit de l'histoire de Weissmuller
qu'elle devrait être lue par toute personne désirant faire
carrière dans le cinéma. C'est le parfait manuel de tout
ce qu'il faut éviter pour ne pas être totalement exploité
puis jeté comme une vieille chaussette. Goodman est
l'un des cinq premiers vj de mtv. C'est lui qui lança la
chaîne le 1er août 1981 en présentant *Video Killed the Radio
Star* par The Buggles.

Johnny Weissmuller est né János, si on intervertit les
voyelles, ça fait Jonas. Pour un champion de natation, finir
dans un ventre de baleine, moi je dis que c'est moyen.

84

PAPER MATE 0,5 NOIR

Je ne sais pas pourquoi. J'ignore d'où ça me vient. Depuis l'adolescence, j'écris. J'ai ce putain de besoin d'écrire qui ne me quitte pas. D'ailleurs, en ce moment même, je suis à la terrasse d'un café, à boire une bière ; et j'écris. Je pourrais me contenter de regarder passer les filles. Je pourrais lire le journal. Je pourrais retourner au boulot ou rentrer chez moi. Mais non, je préfère écrire. J'ai envie d'écrire. J'ai besoin d'écrire. J'en ai d'autant plus besoin que je sais que, tout à l'heure, peu importe ce que j'aurai écrit, quand je vais m'arrêter, eh bien je vais me sentir vachement mieux. Il ne s'agit pas simplement de débiter des conneries à l'encre chaude, non ; vraiment, physiquement, ça me fait du bien. Ça me calme. Ça me vide. Quand j'ai un souci, quand on me prend la tête, quand ma vie est un brumeux et dégoulinant novembre, je prends un stylo, ça remplace pour moi le suicide. « Cela me tient lieu de balle et de pistolet. » Caton se jette sur son épée ; moi j'écris.

J'écris aussi dans l'allégresse. Ça arrive. Si je pouvais, j'écrirais tout le temps. J'exagère. Je me dis très souvent que ça ne sert à rien. Que ce ne sont que des conneries. Et j'arrête d'écrire, je jette mes cahiers, j'efface mes fichiers. Jusqu'à la prochaine crise. Jusqu'à cet instant où ça me serre sous le plexus solaire, où je recommence à avoir des migraines à répétition, où j'envoie chier tout le monde.

Je sais alors qu'il est grand temps pour moi de me trouver une terrasse, de commander une bière et de sortir mon Paper Mate 0,5 noir.

LA CONQUÊTE DE L'OUEST

À l'époque où le Roi-Soleil déménage définitivement à Versailles, Philippe Rivages traverse la France, s'embarque sur un navire, remonte le Saint-Laurent et s'installe en banlieue de Québec. Pendant que le premier se balade dans ses jardins, prisant aux pieds des fontaines, le second s'arrache la vie à piocher la terre et à vaincre l'hiver.

Trois siècles plus tard, Johnny Weissmuller fait sa dernière apparition cinématographique dans *Won Ton Ton, le chien qui sauva Hollywood*. Ce fut également le dernier film de Rintintin.

NOTE D'INTENTION

Le 22 août 2004, sur Arte, il y avait un spécial Tarzan. On y passait deux films et un documentaire intitulé : *Tarzan, le seul, le vrai.* C'est ce documentaire qui m'a fasciné. Ce qui m'a vraiment marqué, ç'a été d'apprendre que celui qui avait été l'acteur le mieux payé de Hollywood, celui qui avait gagné cinq médailles d'or olympiques et battu vingt-huit records du monde de natation, eh bien cet homme, cette légende, ce mythe, avait fini sa vie comme acteur dans de mauvaises pubs télé, comme amuseur public dans des talk-shows, un singe sur les genoux. Pire, à la toute fin, il était placier dans un restaurant de Las Vegas.

Ce qui était étrangement inquiétant pendant tout le documentaire, c'est que jamais son fameux sourire ne le quittait. Je suis sûr qu'il est mort en souriant.

Le mauvais coup du sort, la déchéance du héros me fascine. Le moment du basculement, cette façon qu'a la gloire de s'effacer et de tout reprendre. Le roi est nu.

Peut-être que ma fascination pour Melville et Brautigan vient aussi de là. Deux auteurs qui atteignent des sommets et qui finissent l'un dans l'oubli, l'autre une balle dans la tête. Le paradis perdu s'incarne dans l'homme, irrémédiablement.

C'est pourquoi j'ai eu envie de raconter la vie d'un homme qui arrive de nulle part. Enfant d'immigrés hongrois dans les bas-fonds de Chicago, il n'a qu'une envie : nager dans le lac Michigan avec son frère. Il abandonne l'école. À douze ans il est garçon d'ascenseur. L'avenir est peu reluisant. Son père alcoolique s'est barré, sa mère travaille dans un resto.

Un jour, on l'amène dans un club de natation – c'est le point tournant. Quand il le voit, l'entraîneur sait qu'il a affaire à un être exceptionnel, à un futur grand champion. Il fait d'ailleurs son entrée dans l'histoire sportive, et l'histoire tout court, en étant le premier nageur à parcourir le cent mètres en moins d'une minute.

Pékin 2008, cent mètres nage libre, Alain Bernard : 47,21 secondes.

Il y aura les médailles d'or olympiques à Paris et à Amsterdam. Puis, il quitte la natation amateur pour devenir le porte-étendard d'une compagnie de maillots de bain. Il fait des spectacles, vit à l'hôtel, devient riche.

De la même manière qu'à seize ans on le découvre nageur, futur champion, à trente-deux ans on le découvre acteur en Tarzan et vedette de Hollywood avec les Sinatra, Wayne et Gable. C'est la seconde apothéose. On a dit de lui qu'il était le pire acteur de Hollywood. On ne lui demandait pas de jouer, on lui demandait de nager, de monter sur un éléphant et de porter un singe sur son épaule.

Les années passent et le bel Adonis vieillit, grossit, grisonne. C'est ce moment que choisit son comptable pour partir avec la caisse. Johnny est ruiné, plus un sou. On essaie de le remettre en selle avec Jungle Jim, mais ce n'est vraiment qu'une série télé médiocre et alimentaire. Plus rien à voir avec le glamour, les paillettes et Lupe Vélez dans les années trente.

Il se fera à nouveau rouler par un autre comptable et divorcera une quatrième fois. Sa fille Heidi meurt dans un accident de voiture. Ses enfants lui intentent quelques procès. Après son premier infarctus, il commence à perdre la tête. Paraît que dans la maison de convalescence, se prenant pour Tarzan, il poussait son fameux cri à toute heure du jour et de la nuit.

Voilà, j'ai eu envie de parler de cet athlète exceptionnel, qui s'est pas mal fait rouler dans la farine, qui est monté au plus haut pour chuter comme Icare. Il a raté son ultime plongeon et a fini ses jours à Acapulco, kidnappé par sa dernière femme qui voulait à tout prix l'éloigner des siens, une espèce de vieille fausse baronne du nom de Maria Brock Mandell Bauman. Dans la biographie de son père, Johnny Junior l'appelle la Veuve noire.

Il est né János. Arrivé en Amérique, il est devenu Johnny. Pour faire croire qu'il était américain, on lui a ajouté le nom de son frère Peter. Il sera Tarzan. À sa mort, on enterre Weissmuller au cimetière de la Vallée de la lumière. Il y a quelques années, il a été rebaptisé. Johnny poursuit sa mort dans les Jardins du temps.

87

UN MOMENT DIFFICILE

Début janvier, avec mon épouse, on est descendus voir mon père à Acapulco. Il était dans un très mauvais état. Il délirait. Il pouvait à peine parler. Il voulait que je le ramène à Hollywood pour qu'il puisse aller faire la fête avec ses potes. Je lui ai dit : « Papa, tous tes amis sont déjà morts. Il ne reste que toi. Tu es le dernier. » Il n'arrivait pas à y croire. Il ne voulait pas y croire.

Et moi j'étais là, assis devant un homme d'une faiblesse extrême qui avait été le plus grand athlète de son temps, le plus riche acteur de Hollywood. Il portait maintenant des couches, il avait un trou dans la gorge pour pouvoir respirer et un tube dans l'estomac pour pouvoir manger. Il était cloué au lit, il ne pouvait plus bouger.

Tout ce qu'il pouvait faire, c'était me regarder droit dans les yeux et se mettre à pleurer. C'était un moment difficile à passer.

88

ASSOCIATED PRESS

20 janvier 1984. Nous apprenons à l'instant la mort de Johnny Weissmuller à l'âge de soixante-dix-neuf ans. Le quintuple médaillé olympique et célèbre interprète de Tarzan l'homme singe est décédé des suites d'une embolie pulmonaire. L'athlète a poussé son dernier souffle et l'acteur a joué son dernier rôle dans sa résidence d'Acapulco, où il vivait retiré avec sa cinquième épouse depuis plusieurs années.

Luis Flores, directeur des pompes funèbres Gomez, a déclaré que la veuve de M. Weissmuller n'avait pas terminé les préparatifs pour les funérailles, mais que l'enterrement aurait probablement lieu dimanche à Acapulco. Selon certaines sources, les enfants du défunt, en froid avec sa dernière épouse, souhaiteraient plutôt que le corps de leur père soit rapatrié à Hollywood pour une cérémonie à la hauteur du héros disparu.

Weissmuller était gravement malade depuis de nombreuses années. Il a été victime de plusieurs infarctus. Sa résidence à Acapulco était située près du lac où il tourna

son dernier film de Tarzan. C'était là tout ce qui lui restait de ses investissements immobiliers réalisés dans les
années cinquante avec d'autres acteurs de Hollywood
qui ont rendu célèbres les plages d'Acapulco : Sinatra,
Bogart, et Wayne.

JOHNNY WEISSMULLER
1904–1984
R.I.P.

89

LE CRI

Quand on enterre des militaires ou des gens très importants, on tire une salve d'artillerie, des coups de canon ou des coups de fusil. Quand le cercueil de Johnny Weissmuller a commencé à s'enfoncer dans le sol, quand les employés du cimetière ont lentement laissé filer les câbles pour que le cercueil glisse au fond du trou, à ce moment-là, dans ce cimetière d'Acapulco, sous un soleil de plomb, le cri de Tarzan a retenti. Par trois fois, un enregistrement du mythique cri a percé le silence endeuillé. Selon un témoin, l'effet fut des plus pathétiques. Ce cri de vigueur, de force et de puissance poussé à l'instant où le corps vaincu et défait de Weissmuller touchait le fond, ce cri glaça le sang des spectateurs trop peu nombreux. On ne saura jamais s'il s'agissait vraiment de ses dernières volontés.

90

POST-SCRIPTUM
EN HOMMAGE À RICHARD BRAUTIGAN

Je n'ai jamais réussi à faire une mayonnaise.

TABLE DES MATIÈRES

Achevé d'imprimer au Québec
en novembre 2011 sur papier Enviro Édition
par l'imprimerie Gauvin.